中华爱国人物故事

ZHONGHUA AIGUO RENWU GUSHI

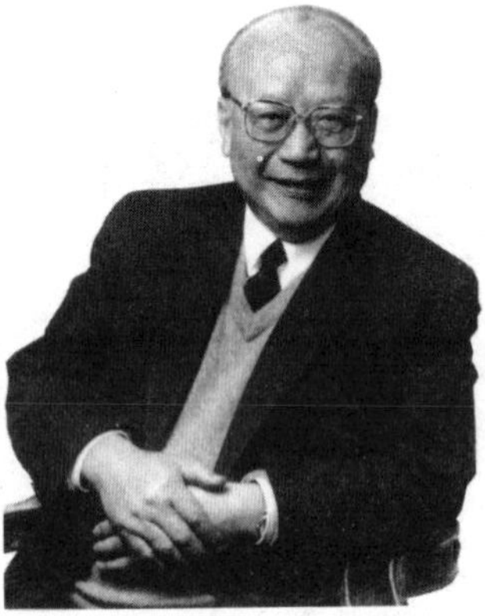

奠基中国力学的钱伟长

刘文辉 编著

吉林人民出版社

图书在版编目(CIP)数据

奠基中国力学的钱伟长/刘文辉编著.－－长春：吉林人民出版社，2011.5

（中华爱国人物故事）

ISBN 978-7-206-07899-6

Ⅰ.①奠… Ⅱ.①刘… Ⅲ.①钱伟长（1912～2010）—生平事迹 Ⅳ.①K826.11

中国版本图书馆CIP数据核字(2011)第075678号

奠基中国力学的钱伟长
DIANJI ZHONGGUO LIXUE DE QIAN WEICHANG

编　　著：刘文辉
责任编辑：郝晨宇　　　　　　封面设计：七　洱
吉林人民出版社出版 发行（长春市人民大街7548号 邮政编码：130022）
印　　刷：鸿鹄（唐山）印务有限公司
开　　本：670mm×950mm　1/16
印　　张：8　　　　　　　　字　　数：70千字
标准书号：ISBN 978-7-206-07899-6
版　　次：2011年5月第1版　　印　　次：2023年6月第4次印刷
定　　价：35.00元

如发现印装质量问题，影响阅读，请与出版社联系调换。

总 序

胡维革

《中华爱国人物故事》是一套故事丛书。它汇集了我国历史上80位古圣先贤、民族英雄、志士仁人、革命领袖、先进模范人物的生动感人史迹,表现了作为中华民族优秀传统的伟大的爱国主义精神。

爱国主义是人们对于"生于斯、长于斯、衣食于斯"的祖国的一种神圣感情,是人们对于自己民族的一种强烈的责任感和使命感,是感召和激励整个中华民族的一面永不褪色的旗帜。在漫长的历史上,爱国主义一直激励着中华儿女为祖国的独立、统一、进步和繁荣而英勇奋斗。从伟大的思想家教育家孔子到统一全国的千古一帝秦始皇,从秉笔直书著《史记》的司马

◆ 中华爱国人物故事

迁到鞠躬尽瘁死而后已的诸葛亮,从伟大的浪漫主义诗人李白到精忠报国的民族英雄岳飞,从七下西洋传播友谊的郑和到抗击倭寇的民族英雄戚继光,从苟利国家生死以的林则徐到为变法流血的第一人谭嗣同,从威震敌胆的抗联将军杨靖宇到人民音乐家聂耳与冼星海,从踏遍青山人未老的李四光到万婴之母林巧稚,从县委书记的好榜样焦裕禄到情系雪域献身高原的孔繁森……都表现出了强烈的爱国主义精神。正是由于热爱祖国的人们前仆后继地奋斗,国家和民族才得以生存,历经一次次历史危急关头而能转危为安,走向兴盛和富强,从而屹立于世界民族之林。爱国主义是鼓舞中华儿女历经忧患、跨越沧桑、百折不挠、自强不息的伟大力量,它贯穿于中华民族的整个历史,并有力

总序

地凝聚着五洲四海的中国人。

爱国主义是一个历史的范畴,在社会发展的不同阶段、不同时期有着不同的具体内容。革命时期,需要我们为祖国的独立自主出生入死;建设时期,需要我们为祖国的繁荣富强增砖添瓦;在全国各族人民团结一心建设富强、民主、文明、和谐的社会主义现代化国家的今天,我们要争做一名新时期的爱国者。新时期的爱国者要有强烈的民族自尊心和自豪感。民族自尊心和自豪感是任何时期任何爱国者都必须具备的情感。民族自尊心能增强我们自立向上的恒心,民族自豪感能树立我们建设祖国的信心。要树立"祖国高于一切"的崇高信念,为了祖国和人民的利益不惜抛却个人的利益,甚至不惜牺牲个人的生命。要树立终身学习的理念,拓

◆ 中华爱国人物故事

宽自己的知识面,广泛吸收新知识新技术,完善自身的知识结构,更新学习知识的方法与理念,从思想上、知识上充分武装自己,为祖国的繁荣昌盛贡献力量。

　　爱国主义思想的继承和发扬,是关系到民族盛衰、国家兴亡的根本问题。一代代人爱国主义思想情操的形成,需要不断地培养。培养爱国主义的一个重要途径是向爱国主义的英雄人物和典范事迹学习。这套丛书的出版,对于人们向英雄和先进人物学习,特别是对于在中小学生中进行爱国主义教育,将可提供一些生动的教材。祝愿此书出版发行成功,为培养"四有"新人做出贡献。

于2011年4月23日
世界读书日

中华爱国人物故事

编委会

策　划：胡维革　吴铁光
　　　　林　巍　李达豪
主　编：胡维革　邢万生
副主编：贾淑文　吴兰萍
编　委：(按姓氏笔画为序)
　　　　于二辉　门雄甲
　　　　刘士琳　刘文辉
　　　　孙建军　李相梅
　　　　李艳萍　杨九屹
　　　　谷艳秋　陈亚南
　　　　隋　军　韩志国

目录
CONTENTS

◎ 012　出身书香门第

◎ 028　海外求学深造

◎ 035　学术成就斐然

◎ 054　投身中国教育

◎ 074　承担社会活动重任

目录
CONTENTS

心怀强国梦想　081

热爱生活的天性　098

钱伟长简介　112

学者追忆钱伟长　114

钱伟长语录　118

钱伟长的主要论著　121

钱伟长的主要成就　124

出身书香门第

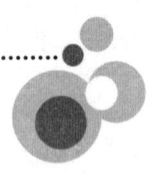

钱伟长出生在无锡县鸿声乡七房桥村，这里是毗邻太湖的鱼米之乡。他的祖父做过私塾先生，父亲钱声一是中学教师，叔父是已故中国著名文化历史学家、国学大师钱穆。

这是一个具有国学功底、创办新学的诗书家庭。曾经为了家族的繁衍昌盛，继续着家族式的义庄制度，钱伟长的父亲钱声一（钱挚）和叔父钱宾四（钱穆）在祖父逝世以后，都是靠着从钱家的义庄领取粮米，艰苦求学的。钱家祖上重视教育，早在民国成立元年，钱伟长的父亲钱声一就在家乡办起了小学，自任校长，叔父钱穆也在小学任教，教授高级班国文、史地、英文、数学、体操、音乐等，每周36小时，为家乡的基础教育做了许多工作。

1912年的秋天，钱伟长出生了，叔父钱穆为这个刚出生的小男孩取了名。按照乡间习惯，长子出世以后要由父亲取名，钱氏兄弟俩互相谦让，最后还是由叔父钱穆为长侄起了名字——"伟长"，父亲钱声一也非常欣赏这个名字，于是就定了下来。钱伟长在后来的回忆中说，四叔替我取的这个名字其实是有出处的，建安七子中有一徐干，字伟长，颇有文才，有见贤思齐的景仰之意，可见叔父钱穆对钱伟长寄予了无限的希望。

钱伟长5岁时，父亲送他到复盛桥东岳庙初级小学启蒙。后来钱穆到后宅镇泰伯第一初级小学任教，钱声一又把儿子交给钱穆，让钱伟长跟随他出外念书并加以

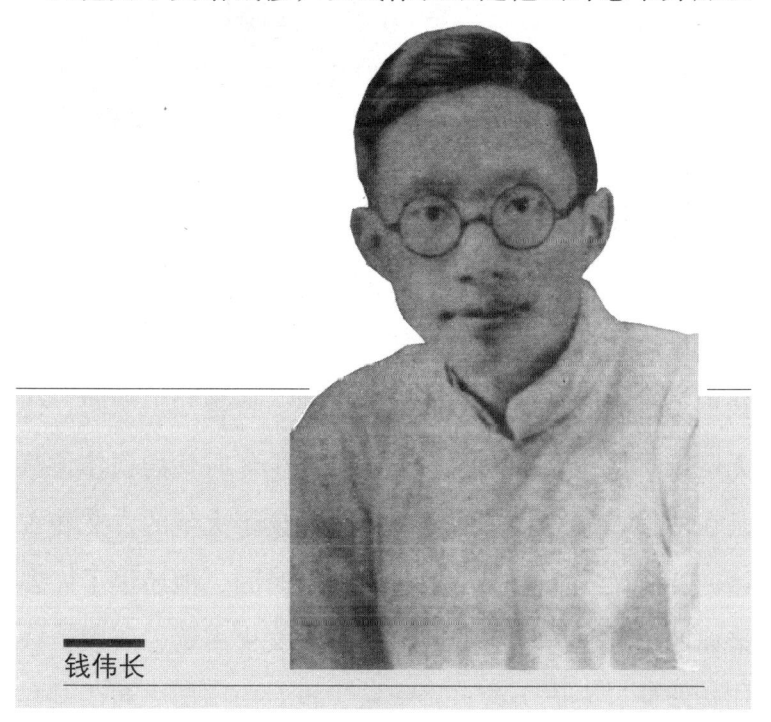

钱伟长

钱伟长

管教。

　　钱伟长5岁那年，钱穆已经结婚，住在钱声一隔壁。钱穆从学校教书回来，总喜欢和钱伟长逗玩一会，或是和母亲、侄儿一起同桌读书，每当钱伟长有疑难问题，钱穆总是旁征博引，为他细细讲解。钱穆知识渊博，他无疑成了钱伟长最好的启蒙导师，少年时代的钱伟长就是在博学多才的叔父的熏陶下，熟读了大量的古文和古诗，拥有了扎实的国学根底，业余时间，他还读了许多诸如四书五经等儒家的著作和不少文史书籍，所以，钱伟长即使后来成为著名科学家，也对中国历史和诗赋甚为熟悉。

钱伟长平常还喜欢翻阅叔叔所藏的中国古典小说《三国演义》和《水浒传》等书籍，叔叔看的西方名著，钱伟长也似懂非懂地拿来阅读。良好的习惯起于童蒙，钱伟长就这样跟叔父养成了爱好读书的习惯，让他终身受用。除读书以外，他还时常跟叔父练字作画，学下围棋。

小学时期，由于家贫，钱伟长也经常从事力所能及的劳动，虽然学习时断时续，学时也都不长，但钱伟长还是跟着叔父学到了很多本事，他不仅学习了历史、国文，还陆续学习了算术、自然、音乐等新课程，那时的旧时私塾还有些弊端，但钱伟长却没有受到旧时教育弊端的多少影响，因为叔父钱穆在教授学问时经常做出很多改革。在教学上，他将一切规章课程都融化在学生生活之中，在课堂教学上采取启发式教育，废除旧私塾传统的满堂灌，他在课堂上跟同学们一起吹笛演戏，在娱乐中进行人生与道德的教育，并废除学校里的体罚。钱

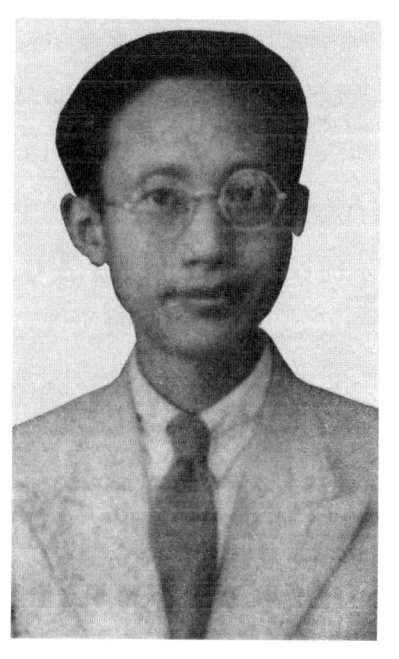

钱伟长

穆还在其就职的学校里开辟了操场，建立了图书馆，并把体操、音乐作为每天的放松活动，使钱伟长和他的同学们，在开智之初就受到新式教育，沐浴着新风之益。

小学毕业后，因家境贫寒，祖母和母亲便劝他到铁路或邮局去工作。钱伟长虽然渴望升学，也不得不辍学了。后来父亲受到无锡县立初级中学的聘用，薪水略有提高。钱伟长才得以再次来到无锡求学，不久，又投考叔父钱穆任教的苏州中学高中部。

钱伟长来到无锡那年13岁，在荣巷公益学校就读，后来由于公益学校闹学潮，校方停课，钱伟长辍学返回老家荡口。3个月后钱声一听说桐城宿儒唐文治在无锡学前街办了一所国学专修馆，就送钱伟长赴馆就读。但不久钱伟长又转学了，就是这一年的年初，无锡县成立了初级中学，钱声一应聘任该校教务主任兼授中国历史。于是钱伟长随父进县立初中一年级就读。1928年春，16岁的钱伟长升入县中二年级，但他很想到苏州中学读书，就以初二的学历跳级投考苏中，结果以榜末考上苏高中一年级。钱穆此时也在苏高中任教，四叔渊博的知识像磁铁一般吸引着他，钱伟长觉得又可以聆听四叔的教诲了。同时，高中的课程学习到的数理化和西洋史，进一步打开了他求知的大门。

那时，钱伟长的母亲和弟妹在乡下老家生活，和善而勤劳的母亲王秀珍，除操持家务外，还养蚕、挑花、糊火柴盒来贴补家用。钱伟长深知生活贫困的艰辛，从来没有穿过一件新衣服，幼年时的钱伟长穿的都是叔父们小时的旧衣，经过母亲改裁以后，腰部总是折叠着缝起来的，时间长了别处都褪了色，腰部就像围了一条深色的腰带。布鞋布袜也是补了又补，有的补到五六层之多，穿起来很不舒服，夏天的时候他干脆赤脚。为了糊口生活，钱伟长经常帮助祖母、母亲和婶母采桑养蚕、挑花刺绣、拾田螺、捞螺蛳、捉田鸡、挑金花菜、马兰头、荠菜等田岸边上的各种野菜，放鸭子、摸小鱼小虾、湖边挑灯捉蟹、泥中拾蚌等各种能添补家用或助餐的活计，清贫的幼年生活和母亲的贤良品德，造就了他在曲折的生活中独立支持的精神力量。

1928年10月，父亲钱声一逝世，时年仅39岁，遗下一妻二男二女，此时，钱伟长仅16岁，生活的贫困再一次威胁着钱伟长的求学愿望，钱伟长的学费和日常费用更加捉襟见肘了。

在长兄去世后，叔父钱穆给予钱伟长最慈父般的关怀，钱伟长在叔父的接济下艰难地继续学业。他的学费全都靠叔父来支付，但钱穆的工资也很微薄，虽然钱氏义庄也做了些粮食补助，但生活仍旧处于窘迫之中，日常的开销越来越拮据了。可不管怎样，叔父钱穆还是坚

持让钱伟长把中学读完。钱穆在钱伟长最苦难的时候，不仅一直视钱伟长为己出，保住了其在高中的学业，还从微薄的薪金中拿出一部分，接济乡下寡嫂和两个侄子另两个侄女，钱伟长一生对叔父充满了感激，他不仅是他精神上的导师，也给了他慈父般的爱，他从心里喊出："生我者父母，幼吾者贤叔。"

钱穆在苏州中学执教的三年，除了关心钱伟长的学业和生活，余暇，叔侄俩还经常流连忘返于郊区田园之间，享受山林之趣；有时也到城中书摊书肆选购图书，还带钱伟长瞻仰历史名胜古迹，讲述它们的典故，使钱伟长的眼界从课本上扩展到生活中，得到了许多书本上没有的知识。

在苏州中学，钱伟长分别受到钱穆、吕叔湘等人的教诲，文史课成绩名列前茅，他后来在高三时，写出的第一篇论文获得了江苏省高中奖。后来在清华大学入学考试撰写作文时，将《梦游清华园》作得文才并茂，词句清丽，得了满分。这些无不体现钱伟长在早期教育时打下的坚实的国学文史根基。

1931年，钱伟长在苏州中学即将毕业，并面临失学危险，这年夏天，钱伟长来到上海，在一个月之内连续参加了清华大学、交通大学、中央大学、武汉大学和浙江大学5个大学的考试，居然都考取了。那时大学试题不统一，也不分科录取，是他的文史等学科补足了理科的不足，幸得进入大学，闯过了第一关。五战皆捷，让钱伟长兴奋不已。

当时各大学自设考场自出考题，文理两科的试卷基本相同。那年清华大学的历史试卷是著名的历史学家陈寅恪教授命题的，陈先生的命题，通常出人意料，他曾在国文考试中出过一道令人寻味的题，一道对联试题，上联仅有三个字：孙行者，结果只有一名考生答对，下联为："胡适之"（原答案为"祖冲之"）。这次在历史卷上他又出了一道题目，要考生写出《二十四史》的名称、卷数、作者和注疏者。很多人都束手无策，钱伟长却考了满分。钱伟长虽然理科和英语的成绩一般，而文史方面的成绩却都非常优异。

虽然钱伟长考试成绩优异，同时得到了5所大学的录取通知书，但家境贫寒的钱伟长仍为读取大学的费用发愁，正在这时，钱伟长听说上海经营味精厂的化学家吴蕴初愿意为那些少时家庭贫寒、读书困境艰难的学生设立了"清寒奖学金"，使面临失学之际的钱伟长眼前突现曙光，他以优异成绩赢得了这份奖金，其中学费、杂费、生活费，都由"清寒奖学金"所提供，并一直支付到毕业。钱伟长高兴极了，他向已经到北京大学任教的叔父钱穆咨询，到底上哪所大学好，钱穆建议侄儿读清华大学。清华大学也根据他的考试成绩——国文成绩最好、历史竟得满分，准备把他分到中文系或历史系去。钱伟长听从了四叔钱穆的意见，放弃了其他几所大学的机会，最后选择到清华大学中文系去念书。据张舟萍撰文说，当年清华中文系主任朱自清、闻一多都从文科优异的考分中看中了他，一个星期后钱伟长果然选择了中文系，朱自清还为此非常高兴。

就这样，钱伟长高高兴兴地来到北平，准备到清华就读，由于生活一直贫困，钱伟长19岁进入大学时，身高只有1.49米，是全班最矮最瘦的一个，也是清华大学多少年来，唯一的一位测量身高标杆刻度以下的新生。但是，也恰恰是因为童年生活的困苦，使他养成了坚韧不拔、敢为群黎疾苦吹与鼓的精神。

钱伟长选好专业的第二天就爆发了震动全国的"九一八"事变，中国军队的以退让告终结束了这场战役，这让钱伟长深受刺激，他决定改变自己的选择，从此，也改变了他一生所走的方向。"没飞机大炮，我们自己造。"他痛下决心，要学理科，学造飞机大炮，起初，叔父钱穆是不赞成钱伟长学物理的，钱伟长知道叔父很听史学大家顾颉刚的话。于是去找顾颉刚教授，最让他高兴的是，顾颉刚居然满口赞成："我们国家站不起来受人欺负，就因为科学落后。青年人有志于科学，我们应该支持。"钱穆于是不再反对。

但是，由于钱伟长的物理仅得18分，数理化三科的考分总成绩却不到100分，而物理系其他同学这三科的总分都在200分以上。物理系主任吴有训坚决不允许钱伟长转系，而历史系主任陈寅恪又到处打听这位历史满分的学生为何不来报到。吴有训耐心地劝导钱伟长要安心去中文系或者历史系读书，并说中国文学和历史也是国家民族所需，还说钱伟长身体单薄瘦弱，物理系的课程很重，每个人都要根据自己本身的综合条件合理选择科系，物理系每届都有一半同学因承受不了繁重的学习负担而被迫转系，这样对学校和个人都是一种损失。

尽管吴有训先生讲的都是实话，但钱伟长是一个十分倔强的青年，他决定了的事非要做到。这次弃文学理，是他深思熟虑的结果，并不是一时的心血来潮，这个想法，他是不会轻易更改的。他死死盯住吴教授，教授走到哪里他就跟到哪里，还站在吴的办公室不肯走。反复向吴强调他改专业的目的并不是为了个人的兴趣爱好，而是为了科学救国，请求老师成全。

吴教授为钱伟长的转系之事曾经特意访问过钱先生和钱伟长在苏州中学时的老同学。他与已经同意了钱伟长转系的钱先生详细地分析钱伟长的学习情况，也认为钱伟长是一个很有潜力的、可以深造的青年，所以有条件地让他进了物理系。先让其试读一年，看数理成绩优良与否而定。如果一年之内钱伟长数学微积分和物理的成绩在70分以下，立即退回中文系。并且还要钱伟长同时选修化学，还要不断加强体育锻炼。钱伟长很有信心地努力着，每周除紧张的上课外，有两个下午的物理实验和两个下午的化学实验要去做，还有课外体育锻炼，培养科学研究中必须具备的持久力。

转系对钱伟长是一个极大的挑战，他临时改读物理，学起来当然十分吃力。那一年可真是苦了他了，为了能留在物理系，为了科学救国，他决定怎样难都要苦读，怎样难都要迎头赶上。他除了吃饭睡觉，全部时间和精力都扑在物理、数学上，他一天顶多睡5个小时，他是早晨6点起来，晚上学校宿舍是10点熄灯，由于宿舍厕所的灯是通宵开的，他就跑到厕所里看书，一直到12点才回去睡。钱伟长由于中学的物理、化学从来没有弄清楚过，数学是七零八碎的没有系统的学过，代数符号都搞不清，英文更不行。他先是赶快把中学的物理、化学、数学硬补，最初他用学语文的方法，什么都背，元素周期表，公式全背。背了两个月，得了神经衰弱，每次考试都很糟。清华大学每门课每星期一定有15分钟的小考，结果他考得一塌糊涂。同学看他这么用功，又考得这么糟，非常同情他，对他说："你不能这样学，死背是没有用的。你得弄懂它，不要背，懂了就行了，懂得了是不会忘的，你不懂去背，不用3天就忘了。"这时他才知道以前读书的方法是不行的。

这时，吴有训教授及时地帮助了他，他教钱伟长要调整学习方法，让他不要上课只顾记笔记，重要的是仔细听讲，力求当堂听懂，课后用自己的语言择其关键简明写出。并根据钱伟长英文底子薄的具体情况，找来一本中译本物理讲义，便于他去查阅。那些日子，钱伟长有不懂的地方，逢人就问，别人解答不了的，就跑到图书馆去查阅资料，那年在图书馆，人们常常可以看见一个瘦弱的身影，认真地翻阅着各种文献和资料。

经过艰苦的努力，钱伟长在第一学期结束后，物理成绩终于及格了。而到了学年结束时，勤奋的钱伟长竟然在数学、物理、化学、外语等科目的考试中，成绩都拿到80多分的成绩，就连以严格著称的吴有训教授都对他连连赞许，钱伟长凭着刻苦精神，攻克了学习上的一道道难关，终于得到了大家的认可。他后来在总结那段的学习方法时说，干任何事情都要得法，得了法才能达到预期目的。在学习上懂得了"勤奋"，做到了"努力"，也还必须得法。这个法很简单，就是要"弄通"，要"理解"，切不要死记硬背。

在清华物理系读书的4年里，为钱伟长打下了坚实

1935年，北京，400米中栏冲线时的钱伟长。

的学术底子。受到了当时物理系赫赫有名的大家，教授周培源、萨本栋、叶企孙、吴有训、赵忠尧老师的熏陶，那时系里经常有研讨会，时有欧美著名学者来访问演讲。学生们有缘与大师交流，洞悉了物理学最前沿的景观。在吴有训、叶企孙等老师的鼓励下，钱伟长还选学了材料力学、工程热力学、近世数学、化学分析诸学科。

在那期间，钱伟长还聆听过信息论泰斗维纳在电机系的演讲，听过空气动力学权威冯·卡门在航空系的短期讲学；他选学了熊庆来的《高等分析》，杨武之（杨振宁之父）的《近世代数》，黄子卿的《物理化学》和萨本栋的《有机化学》。

1935年钱伟长本科毕业，他与同学合作的毕业论文——《北京大气电的测定》，当年6月在青岛举行的全国物理学年会上宣读。这是中国自行测定大气电量的第一批数据，也是钱伟长开始科学研究的开端。

毕业后不久，钱伟长考取了中央研究院南京物理所的实习研究员，同时他还考取了清华研究院物理系的研究生，导师仍为吴有训教授，主攻X光衍射。

在钱伟长的一生中，除了叔父钱穆，吴有训教授对钱伟长有着很大的影响，在清华大学读书的那些日子，

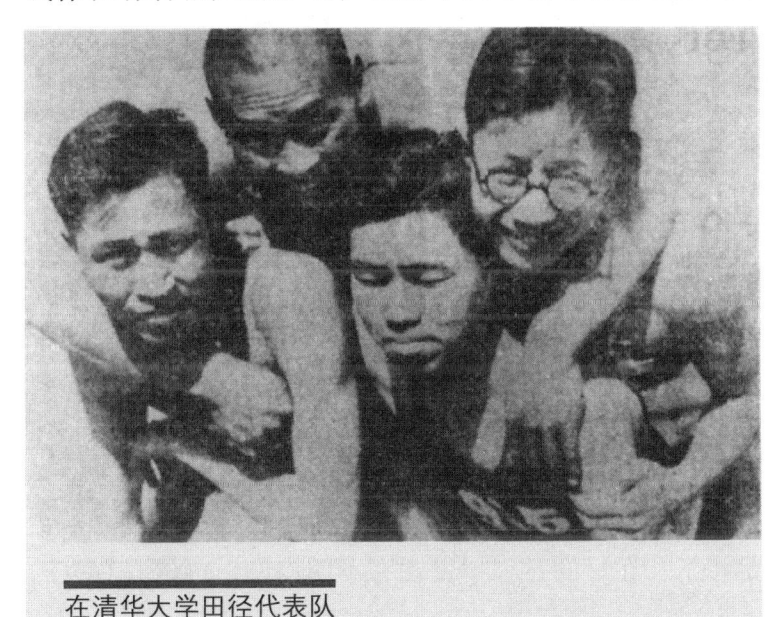

在清华大学田径代表队

吴有训渊博的知识和严谨的治学态度深深地感染着钱伟长，吴教授曾为大一物理系学生教授普通物理学，他讲课从不带讲稿，不照本宣科。每堂讲的概念，都从它产生人们对它模糊的甚至是错误的认识谈起，谈到人类怎样在生活和生产中发现它的矛盾和错误，又怎样在科学实验和研究中来进一步验证和分辨其真伪，并将这种认识用于提高生产和满足人类的日常生活需要。起初，钱伟长并不完全适应吴教授这种研究型的教课方法，钱伟长觉得，中学老师上课，总是将一本教材非常细致的、一课一课、从头到尾地讲完，而大学就不一样，教师通常是围绕一个专题，广泛的展开。有时为了讲课需要，又是跳跃型的，教材的次序完全打乱。所以，对一个大一学生来说，进大学首先要做的第一件事情就是要彻底改变中小学时期养成的学习模式。钱伟长初入大学时听课记笔记，仍是沿用中学生照抄照录的旧办法，效果非常不好，吴有训先生告诉他学习物理不像学习中文，不能追求文字的记忆硬背，而要体会其严格的概念，要学通，通就是懂了，懂了才能用，用了就自然记得了。吴教授还告诉他，理科学习要做到当堂听懂，课后用自己的语言择其关键简明写出。一堂课至多写5条到10条就足够了。在写的过程中发现有不明白的，可以看有关的参考书。正是吴有训给钱伟长具体指导，才使钱伟长后来有幸成为清华物理系的正式学生,后来还变成一名优秀的高才生。钱伟长曾深有体会地说:"我虽然不是工学院毕业的,但是我经过那一段学习,对交流电机和直流电机的问题也知道一些,一般还骗不了我。我们这45堂课,实际上他讲了不到三十几堂课,所以经常停课,叫我们自己去阅读。我们学得很好,学了3本书,电机的2门课,物理系的1门课。"当然,这也是吴教授"逼"出来的。

吴教授的为人、治学,对钱伟长都有深刻的影响,钱伟长晚年由衷地说:"吴有训教授在全校师生的心目中,是一位声望很高的教授。吴教授的治学态度、教课精神,以及在管理上以身作则的严格要求,对他们影响很深,后来都成为学生们终身学习和工作的楷模。"

清华的4年学习,钱伟长不但在学业上取得优良成绩,而且学到了治学的方法,找到了打开科学研究大门的钥匙,即善于发现问题,不断创造和开拓科学研究的新领域。

海外求学深造

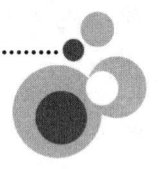

为了学到更多的知识,钱伟长决定出国。1939年9月2日,钱伟长作为中英庚子赔款第七届留英学生出国留学,但因恰遇第二次世界大战爆发,在抵达香港时,钱伟长等22名留学生所乘坐的赴英客轮全部被扣作军用,留学暂时搁浅。

1940年,钱伟长考取公费留学,赴加拿大多伦多大学准备深造,但还是由于此事的影响,钱伟长的留学计划被迫延期。直到1940年8月初,他们第三次接到庚款会的通知,再度于上海出发赴加拿大多伦多大学留学。这是多伦多大学接受的首批中国研究生,这次总算还算顺利,他们横渡太平洋,28天之后到达温哥华,然后乘火车转到多伦多,来到多伦多大学读研究所,开始了他艰辛的留学生涯。钱伟长到多伦多学的专业是弹性力学。

钱伟长在加拿大多伦多留学的指导教授是辛祺,他原来是英国皇家学会会员,是英国有名的应用数学家。由于1939年爆发第二次世界大战,德军大规模空袭伦敦,辛祺教授转移到加拿大,在多伦多大学创建了北美第一个应用数学系。

之前,钱伟长在留学被延期期间,曾研读了拉夫著的《弹性力学的数学理论》,发现了当时的国际学术界关于弹性板壳理论的研究十分混乱,于是他决心寻找一种统一的以三维弹性力学为基础的内禀理论。经过了数月

1940年,钱伟长出国前和亲友合影。前排左起:钱舒秀(大妹)、钱穆(四叔)、钱伟长。后排左起:胡嘉生、华燮和。

1941年6月，在多伦多大学硕士毕业合影。前排左起：张孟林、谢安祐、钱伟长、朱承基。后排左起：曹飞、林家翘、郭永怀、段学复。

的埋头苦读，钱伟长终于以高斯坐标张量表达的微分几何来表示变形和应力分析之创新思想，获得了前所未闻的统一内禀理论。

钱伟长在留学期间，发现导师辛祺教授也在研究板壳理论。辛祺教授研究的是宏观理论，钱伟长研究的是微观理论，钱伟长向教授详细汇报了他的研究成果，辛祺教授惊喜地看着钱伟长，拍案叫绝，他说："你的博士论文的主要内容已经完成，不必介绍了。去详细完成具体计算任务吧！你已经是一个合格的应用数学家，你已经懂得重视物理观念的深化认识，同时也懂得运用现代的数学工具简洁地描绘物理观念的认识。"就这样，钱伟长刚一入学就得到了导师的肯定。

1942年，钱伟长获自然博士学位，博士论文以连载的形式在美国《应用数学季刊》一、二卷上刊登。他提出的一组非线性方程组被称为"钱伟长方程"。辛淇用宏观的内力素张量求得在外力作用下板壳的张量平衡方

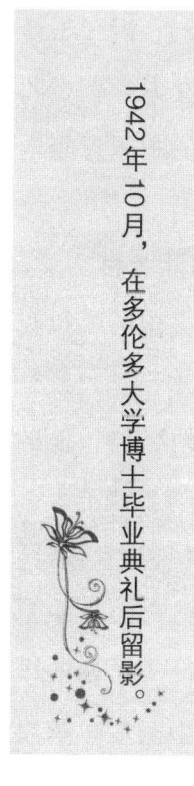

1942年10月，在多伦多大学博士毕业典礼后留影。

程，称之为"宏观方程组"，钱伟长的方程被称为"微观方程组"。

辛祺仔细地研究了钱伟长的研究成果以后，认为两种理论虽然所用的力学量和符号有所不同，但其实质是等同的。辛祺教授高兴地决定要在一个月中用两人已得的研究成果，分两段写成一篇论文，作为美国加州理工大学航空系主任冯·卡门教授60岁的祝寿论文。这个论文集1941年夏季刊出，集中共刊出了24篇论文，作者都是第二次大战时集合在北美的一批知名学者，如爱因斯坦、老赖斯纳（麻州理工大学弹性力学教授）、冯·奈曼（电子计算机发明者），铁木申科（板壳弹性力学教授），柯朗（应用数学权威）等，钱伟长是唯一的中国青年学生。

这篇文章发表以后，几十年间深受国际弹性力学、应用数学以及纯数学界的重视。1982年，美国的噶拉克教授在上海提道："钱教授的板壳统一内禀理论，曾经是美国应用力学界研究生在40-50年代必读的材料，他的贡献对以后的工作很有影响。"荷兰工程力学教授哈里·鲁登在他的名著《以渐近近似为基础板壳的理论和设计》中推崇这篇论文："辛祺和钱的工作，继承了19世纪早期柯西和布桑的工作，在西方文献中重新注入了新的生命力。"爱因斯坦看后，曾感叹道，这位中国青年解决

工作中的钱伟长

了困扰我多年的问题。这篇文章发表之后，很受力学界和数学界的重视，先后在多伦多大学、加拿大数学年会、美国加州理工学院航空系、美国数学学会西部年会等场合作学术报告，此文奠定了钱伟长在美国科学界的地位。

此后，钱伟长还以他聪明的才智和勤奋的努力，一次又一次地让人们叹服。二战期间，他还助伦敦免遭德国导弹袭击，得到了丘吉尔的赞赏。那时，伦敦正在遭受德国V1、V2导弹的威胁，丘吉尔向美国请求援助。当这件事被转到了美国加州大学著名科学家冯·卡门教授主持的喷气推进研究所时，钱伟长正在这个研究所从事火箭、导弹的设计试制工作，他仔细地研究过德国导弹

的射程和射点后发现，德国的火箭多发自欧洲的西海岸，而落点则在英国伦敦的东区，这说明德军导弹的最大射程也就如此了。因此，钱伟长建议，只要在伦敦的市中心地面造成多次被击中的假象，以此蒙蔽德军，使之仍按原射程组织攻击，伦敦城内就可避免遭受导弹的伤害。这一招很灵，丘吉尔在他的回忆录中谈及此事时说："美国青年真厉害。"可他直到最后也不知道，这个让德国人计划落空的人并不是美国青年，而是中国青年——钱伟长。

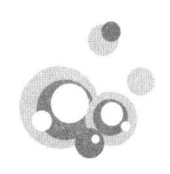

学术成就斐然

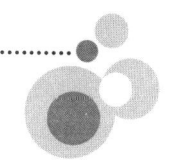

钱伟长从国外学成回到祖国后,来到了清华大学工作。1949年3月,从内战中恢复的清华大学成立了校务委员会,由叶企孙任主任,钱伟长为副教务长。1952年院系调整后,钱伟长被任命为纯工科的清华大学教务长。

1951年12月访问印度、缅甸文化代表团。前排左一为钱伟长。

1951年12月,参观印度实验室。

1956年钱伟长又被任命为清华大学副校长,仍兼教务长和力学教授。1951年中国科学院成立之初,钱伟长就兼任数学研究所力学研究室主任。钱学森回国后建立了中科院力学研究所,钱伟长又兼任了副所长。1955年中科院学部成立,钱伟长成了第一批被选聘的学部委员。1954年至1956年,钱伟长花大量精力,参与周总理领导的制定自然科学12年规划的工作。当时钱伟长等人经过讨论,提出了6项内容,即原子弹、导弹、计算机、半导体、自动化技术、无线电电子学。因为前2项作为国防尖端项目,由国家另行安排,因此后4项成了国家"四大紧急措施"。规划研讨会上,钱伟长的意见总能得到钱三强钱学森两人的支持。周总理把他们称为"三钱"。

尽管兼职让钱伟长忙得不亦乐乎，他并没有打乱自己的科研节奏。这几年他发表了20多篇科研论文，出版了《弹性柱体的扭转理论》《圆薄板大挠度问题》等专著。

1954年，钱伟长和他的学生合著的科学专著《弹性圆薄板大挠度问题》出版，在国际上第一次成功运用系统摄动法处理了非线性方程。这是他回国后从事的一项

1954年8月，北京，在世界青年和平联合大会上。前排左三为钱伟长。

有影响的工作。圆薄板大挠度问题,是一个典型的非线性问题,其非线性微分方程由冯·卡门在1910年提出,但长期没有找到好的求解方法。1934年,S.韦提出了幂级数解法,但是收敛太慢。冯·卡门在1940年提出这个问题还需要有能够运用的解法。钱伟长在1947年做到了这一点,其计算结果和1942年由麦克弗森、朗布尔格及利维所完成的实验相符合。在有了电子计算机之后,叶开沅的一个博士研究生用韦的级数解法进行了计算(称为精确解)。与这些晚近的数值解法相比较,钱伟长用解

1955年夏,北京,钱伟长在全国第一次职工科技普及工作积极分子大会作个人发言。

1955年冬，北京，钱伟长接待苏联莫斯塔里教授。

析法手算所达到的精度以及方法的巧妙都是令人赞叹的，在正则摄动理论方面创建的以中心挠度wm为摄动参数作渐近展开的摄动解法，国际力学界称之为"钱伟长方法"。"钱伟长方法"被力学界公认为是最经典、最接近实际而又最简单的解法。在第二年，这一成果获得了国家科学奖。

1956年他还出版了中国第一本弹性力学专著。这本著作是与世界导弹之父冯·卡门合作发表《变扭的扭转》，成为国际弹性力学理论的经典之作。1931至1935年，和同学顾汉章测定北京地区大气电参数。1935至1939年，在吴有训指导下做稀土元素等的光谱分析X光

1956年，任清华大学副校长时的钱伟长。

衍射，在黄子卿指导下研究溶液理论；1940至1941年，在加拿大和导师辛祺合作研究板壳的内禀理论，这项研究在板壳理论中开创了新的方向，受到国际学术界的重视。

1941至1942年，研究雷达波导管内的电抗、和A.温斯坦合作研究固支受拉方板的振动；1943至1946年，在美国加州理工学院航空系及喷射推进研究所，在冯·卡门领导下研究火箭弹道、火箭的空气动力学设计、气象火箭、人造卫星轨道、气阻损失、降落伞运动、火箭飞行的稳定性、变扭率的扭转、超音速对称锥流等问题。

1946至1957年，研究圆薄板大挠度的摄动解和奇异摄动解、润滑理论、压延加工、连续梁、扭转问题、建筑史、扁壳跳跃和方板大挠度问题。在奇异摄动理论方面独创性地写出了有关固定圆板的大挠度问题的渐近解，国际力学界称之为"钱伟长方程"。

50年代初，钱伟长、叶开沅等曾经在清华大学召开薄板大挠度问题的研讨会，并出版了论文集《弹性圆薄板大挠度问题》。后来，钱伟长、叶开沅又计算了多种载荷和边界条件下的圆薄板和矩形薄板大挠度问题，参加了1956年布鲁塞尔的第九届国际应用力学会议。1957

1956年5月，华沙，参加波兰国际固体、流体力学会议。

年，有关论著由莫斯科译文出版社译成俄文。此后，潘立宙在1957年和美国纳什教授在1959年分别独立用此法求解了椭圆板大挠度问题。在给出上述参数摄动法的同时，1948年，钱伟长还用奇异摄动法解决了圆薄板大挠度的问题，薄膜解适用于边界位移为零的挠度很大的情况，它除了不能满足转角为零的夹紧边界外，在全场适用，称为外场解。把边界法向的尺度放大，设立边界内层坐标，以无量纲化中心挠度为尺度参数，并以此量摄动展开，称为内层解。外场解和内层解的合成展开是用不同尺度来研究边界效应，在薄膜解的基础上进行修正，可以解决边界转角为零的问题。展开式中幂次有正有负，

1956年8月，中国科技代表团访问苏联。

1956年9月，比利时布鲁塞尔，参加第九届UTAM会议。后排左三为钱伟长。

又称为奇异摄动法。钱伟长的这一工作是国际上有关奇异摄动理论的最早的少数著作之一，在50年代，由于郭永怀的边界层匹配法获得成功，林家翘不动点理论、钱学森的爆炸波处理确立之后，奇异摄动理论才受到重视，被认为是摄动法的新领域。由于1948年中国的杂志在国外没有正常传播，晚至1956年E.布朗伯格和1961年Л.С.克鲁布钦科等人还用类似的合成展开法来求解这同一个问题。钱伟长有关圆薄板大挠度问题的工作，曾在1955年获得国家自然科学二等奖。

1956年冬，北京波兰大使馆，接受波兰科学院院士证书。左二为钱伟长。

在80年代，钱伟长指导研究生对上述圆薄板大挠度问题的研究工作做了进一步的完善和改进。如用均方根挠角做摄动参数，解决了在均布压力和中心集中力复合作用下，由于中心点挠度可能为零而带来的困难；又如在合成展开法中，用中心点位移替代载荷作展开参数，大大提高了收敛速度，并使所有边界条件都在各级近似中跨级满足。

1957至1976年，钱伟长没有能够发表文章，仍从事飞机颤振、潜艇龙骨设计、化工管板设计、氧气顶吹的转炉炉盖设计、大型电机零件设计、高能电池、三角级数求和，以及变分原理中拉格朗日乘子法的研究。

1977至1990年，从事环壳理论、广义变分原理、有限元、中文信息处理、薄极大挠度、管板、断裂力学、加筋壳、穿甲力学、三角级数求和等方面的研究。圆环壳的一般解是钱伟长的另一个贡献。圆环壳是弹性元件和其他壳体结构中常见的形式之一。在赖纳斯和E.迈斯

1972年，会见英国、瑞典、加拿大、美国的科学家代表团。前排左二为钱伟长。

1972年10月，在英国泰晤士河船上。

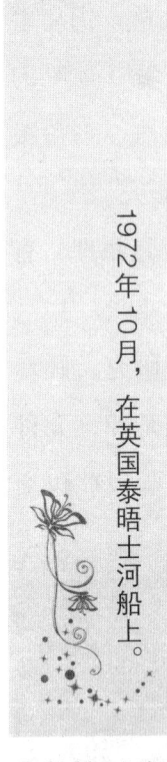

纳的轴对称壳二阶微分方程组的基础上，F.托尔凯、R. A.克拉克和B.B.诺沃日洛夫提出了三种不同的复变量方程，克拉克求出渐近解。诺沃日洛夫求出了非齐次解，但不能满足不同的边界条件。钱伟长给出了齐次解并且证明了解的收敛性，和非齐次解结合，给出圆环壳的一般解，解决了这个几十年来悬而未决的难题。

在圆薄板摄动解和圆环壳一般解的基础上，钱伟长在20世纪80年代里先后承接过两项国家重点攻关课题，提出了仪表弹性元件和波纹管膨胀节的理论计算方法，如U形波纹管非线性特性的摄动解法、三圆弧波纹膜片的设计，以及轴对称载荷下旋转壳弹性元件的非线性计算通用程序等。

钱伟长仍在对壳体的基础理论和工程应用进行新的探索，一方面开展对非Kirchhoff-Love假设壳体理论的研究，另一方面大力组织在仪表弹性元件行业和波纹管补偿器金属软管行业中壳体理论的工程应用。

除了在板壳理论方面的工作以外，钱伟长另一项享誉世界的成就是对广义变分原理的研究。由于20世纪60至70年代有限元方法的发展及其在工程上的广泛应用，变分原理作为其理论基础，显示出重要性。世界上有两

1972年10月，在英国皇家学会招待会上。

1972年11月，美国纽约州约克镇，访问IBM研究中心。左起第二人为钱伟长。

个学术中心，引起各国学者的注意，一个是美国麻省理工学院的赖斯纳、日本著名学者鹫津久一郎、卞学鐄等人，另一个就是钱伟长等一批中国的科学家。

以往的变分原理工作，大都是凑出来的，即首先写出泛函，再取驻值验证。所以每一个新原理的出现都是一项重要成果。钱伟长试图找到系统的做法，他首先从最小位能原理和最小余能原理出发，把约束条件利用拉格朗日乘子引入泛函，从而先放松条件，得到相应广义化的变分原理。在变分中可以把待定的拉氏乘子确定下来，这是对建立广义变分原理的泛函提出合乎逻辑的数学方法，无疑是一个重要成果。可惜在1964年将文章投给《力学学报》后，该报的编委予以退稿处理。从审查意见中可以看到，审查者并不完全理解拉格朗日乘子法。日本鹫津久一郎在1968年出版的《弹性和塑性力学中的变分法》一书中，才比较明确地应用了拉氏乘子法，但还有一些要点上不够明确，如待定乘子通过泛函驻值条件来决定的观点还没有反映。一直到1977年，国外的文献上才有这一方面的论述。O.C.钦科维奇在《有限元法》一书中明确地把Courant和Hilbert的经典著作中有关变分约束条件，待定拉格朗日乘子法加以讲解，应用到弹性力学变分原理中。比起钱伟长1964年的工作已晚了15年。

1964年，钱伟长把拉格朗日乘子法应用到壳体理论方面，用变分原理导出壳体非线性方程。1978年，他进一步讨论了广义变分原理在有限元方法上的应用。多次开设变分法和有限元的讲座，听讲者总计达3000余人次，极大地推动了我国变分原理和有限元方法的研究。在1978年恢复研究生和建立学位制度之后，一时间，摄动法、变分原理和有限元的应用成了研究生论文中的一种时髦。1983年，钱伟长作了广义变分原理的系列讲座并出版专著。通过学术性的争论，启发了中国学者在变

分原理方面更深入的思考，促进了拉格朗日乘子法在变分原理中的应用，推动了有限元、杂交元和混合元等方面蓬勃的研究活动和广泛的工程应用。

1982年，钱伟长等在广义变分原理方面的工作又获得国家自然科学二等奖。

在广义变分原理方面，钱伟长的工作还有：（1）把广义变分原理推广到大位移和非线性弹性体。（2）提出以进入泛函而消除掉的微分方程或以约束条件为依据的分类原则，并由此而确定了变分原理间的等价定理。（3）高阶拉氏乘子法，解决了在Hellinger-Reissner原理中消除应力应变关系的约束时所遇到的临界变分条件的困难，即待定乘子为零的困难。（4）在非协调元中采用识别了的拉格朗日乘子法，从而减少了和待定乘子有关的自由度，其《以广义变分原理为基础的非协调薄板有限元》一文被收进美国1984年《应用力学进展》，被世人公认为是一项国际上重要的进展和贡献。

钱伟长在流体力学方面也做出积极贡献。在40年代，他用一种巧妙的摄动展开法，给出高速空气动力学超音速锥流的渐近解，大大改进冯·卡门和N.B.摩尔给出的线性化近似解，与G.I.泰勒和J.W.麦科尔的数值结果相吻合。文中证明了卡门—摩尔的线性解仅在圆锥角很小时适用。过去，人们在渐近序列中一般是采用幂

1981年4月，美国佐治亚洲大西洋城，参加国际杂交混合有限元会议留影。

级数，钱伟长拓宽了渐近序列的范围，采用幂级数－对数函数的混合序列，这对摄动法是一项重大突破，20世纪50年代之后，才被人们认识和接受。

1886年，O.雷诺做了7个假设，提出润滑的原始模型，导出了著名的雷诺方程。1949年，钱伟长基于滑板间黏性流体层很薄的实际情况，以流体特征厚度为小参数，进行摄动展开，仅用3个简化假设，从流体力学的纳维-斯托克斯方程出发，导出了润滑问题的高阶雷诺型方程。并进一步建立相应的变分表达式，导出等价的变

分问题，从而使计算工作量大为减少。并可用于计算有限宽矩形润滑轴承问题。算例表明，计算结果正确可靠，大大改进了M.马斯卡特、F.摩根和M.W.默里亚1940年计算的结果，是世界润滑流体动力学一篇成功的早期之作。

对流体力学的变分原理，多数理论工作是从伯努利方程出发，研究无粘外部流动。1984年，钱伟长从流体力学的基本方程出发，对内流、外流等一般的黏性流动建立了更为普遍的变分原理，对不可压缩流体和可压缩流体分别建立了最大功率消耗原理。并以运动方程为基础，用拉格朗日乘子法消除诸如物态方程、连续性方程及边界条件等变分约束条件，建立了无条件的广义变分原理。从而把固体力学中变分原理方法推广到黏性流体力学，奠定了流体力学中有限元方法的基础。

研制出超过国际水平的锌—空气电池。在清华大学学习时，钱伟长不但读了物理，还修完了化学系的主要课程。1972至1974年，当他接到为坦克和野外作业部门研制大电流高能电池的任务时，他查阅了有关的国内外资料，成功地研制出多项指标超过国际水平的锌—空气电池，并协助建立了锌—空气电池厂，受到周恩来总理的称赞和支持，并获北京市1975年科技进步奖。

钱伟长出版的专著《穿甲力学》，对高速撞击问题有多篇研究论文，该书获1998年全国优秀科技图书一等奖。

推导三角级数求和公式。在"文化大革命"期间，虽然缺乏起码的工作条件，但他以非凡的毅力，推导了12000多个三角级数求和公式。其中不少很有实用价值，也是前人所未知的。

钱伟长还以其深厚的国学功底，对中文信息处理作出重要贡献。1981年，他担任了中国中文信息学会理事长。1984年，他提出汉字宏观字形编码，简称"钱码"。1986年，在国家标准局组织的全国第一届汉字输入方案评测会上，在34种方案中，"钱码"被评为A类方案，单人输入速度第一。并在同一年获得上海市科技进步二等奖。

投身中国教育

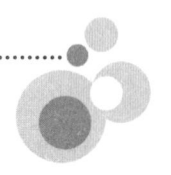

凭借着开创性的学术贡献，钱伟长和周培源、钱学森、郭永怀一起被称作中国近代力学的奠基人。钱伟长在学校研究生复试时的提问，从来不问科学知识，只问

科学家、教育家钱伟长。

1982年11月，在上海复旦大学会晤苏步青校长。

人生方向。他特别看重学生的国家意识："培养的学生首先应该是一个全面的人，是一个爱国者，一个辩证唯物主义者，一个有文化艺术修养、道德品质高尚、心灵美好的人；其次，才是一个拥有学科、专业知识的人，一个未来的工程师、专门家。"

钱伟长作为教育家，亲手办大学的机遇，是20世纪80年代中国新时期改革开放总设计师邓小平提供的。至此，毛泽东、周恩来、邓小平三位国家领导人都对他表示过特殊关照。早在美国加州理工学院研修时，钱伟长就与钱学森、郭永怀等同窗一起，经常畅谈国事、憧憬

未来，他说，"将来我们一定要回去办一个比美国加州理工学院还要好的大学，让美国人到中国来留学。"

1983年，已届71岁高龄的钱老，由尊重知识、尊重知识分子、特别重视人才的领导人邓小平亲自指派，担任上海工业大学校长。细心的邓小平还在指令上说明，担任大学校长不限其年龄。由此，钱伟长成为中国历史上上任时年龄最高、卸任时年龄同样最高的一位大学校长。

1993年，钱伟长率先在上海工业大学正式实行"学分制"。这使因材施教有了抓手，优秀学生提前毕业成为可能，"让你学"变成了"我要学"，同时还节省了教育

1982年11月，在上海工业大学电机系实验室检查工作。

1982年11月，访问华南工学院时和友人们留影。

资源，尤其重要的是，此举对整个国家教育制度改革具有垂范作用，且意义深远。同时，又修改教学大纲，针对上海经济社会发展的实际需要，增设许多新的科系。这样上海工大在钱伟长到任不久便显示出蓬勃生机，教学科研活动开展得有声有色。先进的办学理念和显著的办学效果，得到党中央和邓小平的肯定与赞赏，受到上海人民的欢迎。

1994年，上海工大和原上海科学技术大学、原上海大学和原上海科技高等专科学校合并，组成新的上海大学，钱伟长继任为上海大学校长，原来的上海工大已经建立起22个硕士点和5个博士点。他在行政管理之余，还亲自主持一个博士点，每年招收8名博士生，数十个

1983年1月，上海工业大学，上海市副市长杨恺欢迎钱伟长校长履任。

博士生已经毕业。如今的上海大学已经成为一所国家"211工程"重点建设的综合性大学，无论是办学水平与效益，还是整体办学条件与实力在全国高校中都已跻身先进；"自强不息""先天下之忧而忧，后天下之乐而乐"的校训在这里弘扬光大、"求实、创新"的学风在这里生生不息。

钱伟长认为，学校必须适应社会的变化，为社会服务，并且要和社会结合起来办教育。教育是否成功，要看毕业生是否受社会欢迎，学到的知识是否有用。学生在学校里要紧的是打好基础和培养自学能力，而不是开设过多的专业课程和灌输老化的、现成的知识。学生和教师都要养成不断更新知识的习惯。他提倡产、学合作教育,希望学生在学习基础课之后能在实际岗位上工作,再根据需要选课,而不要人为地划分过细的专业,一辈子背专业包袱。应当有能力随时改行,去做社会需要的工作。

他认为要办好工科,必须有坚实的理科做基础,理科和工科相互渗透有利于把科学技术转化成生产力。现在,一方面有很多新兴交叉学科出现了,学校里不教;另一方面是专业太旧、太窄,综合性不够。工程教育的综合性尤其不够。他要求学校里每一个学科,都要把电

1983年8月,在新疆天山口水利工地上。

中华爱国人物故事
ZHONGHUA AIGUO RENWU GUSHI

1983年10月，在上海工业大学校长办公室。

子技术和计算机技术渗透到自己的学科发展中间去。他号召理工科的学生学点文史知识，学点经济知识、管理知识和其他社会科学知识。他说，文学修养不仅能使我们更好地理解与表达科学技术知识，而且是我们在科学技术上有所创造和突破的不可忽视的因素。科学技术当然要靠逻辑思维，但它决不排斥想象力与形象化。我们培养的学生，首先应当是一个爱国者，辩证唯物主义者，一个有文化修养、心灵美好的人，其次才是一个工程师，一个有专业知识的人。

他要求上海工业大学的教师同时挑起教学和科研两

副担子。他认为，一个教师在大学里能否教好书，与他搞不搞科研关系很大。教师的提高，主要不是靠听课进修，而是靠做研究。边研究边学习，缺什么学什么，边干边学，这是主要的方法。他对教师们说，科研要从小题目做起，对国家建设有利的题目都可以做，不要人为地规定科研方向，多做科研，方向就自然形成了。科研题目多得很，科研作出成绩并不难，也不神秘。我们许多教师长期只搞教学，没有进步，以为科研很难，其实不然。科研是培养教师的根本途径。

他要求广大教师应当切实端正教育思想，不能让分数牵着鼻子跑。他说，教育界通常说"教学相长"，在我

1983年10月，在上海工业大学党政领导班子的会议上。

1984年2月9日，回到母校无锡荡口中心小学。

看来，学比教更重要。教是外在的，学是内在，外因通过内因起作用。如果学生缺乏学习积极性，就谈不上教学。现在，有的教师缺乏引导学生的方法，只有靠用分数、考试压学生，压是压不出学习积极性的。一个国家、一个民族为什么要办教育？在我国，流行的说法是为了培养人才，而他认为，教育的主要目的不单是为了培养人才，更重要的是为了提高全民族的文化素质。由于教育指导思想不端正，我们的学校围绕拔尖人才办教育。为了追求升学率，搞题海战术，搞考海战术，功课太重，使学生和家长不胜负担。最后，受罪的是学生，损害的是国家的长久大业。

他提出，大学就是要把一个需要教师教才能获得知识的人，培养成为不需要教师也能获取知识、无师自通的人。如果毕业后，还是不教不会，就说明你办教育失败了。这就要改革传统的教学方法，培养学生获取知识的能力。他主张课堂上讲这门课的核心精华部分，提纲挈领地把几个观点交代清楚就行了，知识性的东西不讲，让学生自己去看，可以点几个中心内容，问几个问题，介绍一些参考书，让学生回去以后自己深入地研究。参考书要挑选得好。他认为，最好不要照讲稿念，要多联系实际讲解。他说，现在知识发展很快，永远也学不完，

1984年3月9日，在故乡无锡鸿兴乡。

最好的办法是培养学生自学的能力。由学生自己去学。学习是一辈子的事。学校里固然是学习，工作以后同样要学习。一个人在工作中学习到的知识大大超过在学校里学到的东西。

　　钱伟长对于大学建设的发展方向，主张建设研究性、综合性一流大学，钱伟长教育思想内合了科学发展观，发展就是在原有的基础上，上新台阶、谋新发展、创新业绩。钱伟长非常重视文、理各科的协调发展，相互渗

1984年3月9日，在故乡无锡鸿兴乡。

1984年3月9日，在故乡无锡鸿兴乡。

透，致力于培养全面发展的复合型、创新性、高水平人才。

钱伟长在培养人才方面，注重培养全面的人才，培养有创新精神的人才。同时他更注重培养对国家与民族有担当的人才，他说，"你们说天下是什么？天下就是老百姓！百姓之忧、国家之忧、民族之忧，你们是否放在心上？不以国家为重的人，是没有分量的人。"你们首先要做"一个全面的人，是一个爱国者，一个辩证唯物主义者，一个有文化修养 道德品质高尚、心灵美好的人；

1984年3月9日,在故乡无锡鸿兴乡。

其次才是一个拥有学科专业知识的人,一个未来的工程师、专门家。"这句教育史上的名言是钱校长最常对学生说的话语。应该说,培养全面发展的人是钱伟长教育思想的核心,以人为本,就是以人的发展作为衡量一切进步的最终标准,钱伟长教育思想的核心就是要促进学生的全面发展。

钱伟长认为,培养跨学科复合型人才,要突破"目标—手段—控制"的途径,学生的创新意识和能力是一个在跨学科的环境中自然而然的内化过程,这样更能适应社会发展的需要,也能体现出大学对国家的引领和推

春风化雨乐未央

祝贺教师节

钱伟长 一九八七年九月

1987年9月,为祝贺教师节题词:春风化雨乐未央。

动作用。作为一名教育家，钱伟长提出了一套完整、丰富、系统、科学的中国高等教育理论。拆除"四堵墙"理论，就是对中国高等教育理论的突出贡献，他以独有的眼光和魄力进行了大刀阔斧的改革，提高学生的自学能力和创新能力，应该说，这是一个比较重要的教育科研成果。

所谓的"四堵墙"理论，即首先"拆除学校和社会之间的墙"。大学是开放的，为加强学校和社会之间的联系，为适应国家工业结构的需要，必须改造和发展。其次，要拆掉"教育与科研之墙"。钱伟长反对照本宣科的

1987年9月，为萨克拉门多加州州立大学建校40周年大庆题词：春风澹荡惠育英才。

教书匠，他说："一个搞科研的教师和不搞科研的教师是有根本差别的。必须把最前沿的科技成果带给学生，培养学生发现问题、提出问题、分析问题和解决问题的能力。本科生达到无师自通，硕士研究生要创新创造，博士研究生要攀登新高峰。"再次，"拆除各学院和各专业之间的墙"。钱伟长反对专业分的过早、过专。他认为专业的教育应该放到研究生阶段，本科还是一个打基础的通识教育。自然科学、技术科学、社会科学和人文科学

1987年9月，澳门，接受东亚大学名誉博士学位。

1987年11月，在云南大理博物馆，和讲解员们合影。

的学科分割线如果消除，不同学科之间不再是"隔行如隔山"，而是取长补短。最后，"拆除教与学之间的墙"。钱伟长认为学生只有通过主动学习才能把所学的知识变为自己的知识，高等教育应该把学生培养成有自学能力的人。如果学生毕业了还是不教就不会，那就说明你办教育失败了。

科学教育思想的内涵是科学主义指导下的中国高等教育。科学是探索真理的唯一模式和途径，又是推动社会发展的唯一力量，是社会进步的标志。钱伟长提出在大学校园开设专题课以代替专业课，大力提倡学术研讨会以活跃学术思想，增强学术氛围。

钱伟长还主张培养人才即是在于培养具有人文精神的、和谐的人，人文教育的目标在于通过完整的教育促进学生的自我实现。人文教育思想的内涵是人文主义指导下的中国高等教育。人文主义又称人本主义，是指承认人的价值和尊严，把人看作万物的尺度，或以人性、人的有限性和人的利益为主题的任何哲学。人文教育的任务不仅在于传授人文知识，更重要的是20世纪90年代，钱伟长亲自出面抓艺术教育和社团发展，就是要培养学生的人文精神。

钱伟长教育思想是一种美育思想，他通过开展多门新兴学科、边缘学科、交叉学科和科目，对传统学科进行大刀阔斧的调整。这种改革让学生在学习中真正把所学的知识融会贯通，让学生们感受到了知识的美和学习知识的乐趣。

钱伟长的教育思想吸收了世界教育理论中卢梭的自然主义教育思想、英国的博雅教育、欧洲的新教育和美国的进步教育等思想，结合了中国曾经存在着平民教育思潮、工读主义教育思想、乡村教育派等教育思想流派。从这些教育思想的合理成分中而发展起来的一种新的、和谐教育思想。他认为，教育不是把知识交给学生，而是要把获取与处理知识的能力交给学生。高等教育的主要目的就是让学生获得科学的方法和辩证的思维逻辑。这样的教育是和谐、有序的教育。

这位令人尊敬的大学校长，还几十年如一日，风风雨雨、兢兢业业地走到第一线，时刻把心和学生们连在一起。他似乎像要弥补曾被边缘化、被强横无理地打成右派时所荒废的时光，将自己的全部精力都全身心地投入到老师和学生的身上。晨曦中，人们可以看到，校园里的一位老者就像久经沙场的将军一样，开始巡视他的"营帐"，检阅他的"士兵"了。每一位闻鸡起舞的"将士"都曾从他慈祥、睿智的目光中，得到一块无形的奖章。夜幕降临，晚自习教室、实验室里，也常见老人的身影。只要见到这位蔼然长者，师生们的内心就蓄满能量。

承担社会活动重任

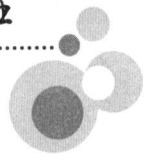

　　钱伟长还是著名的社会活动家。他在多个领域中都担任重要角色，为祖国的各项事业做出了巨大贡献。

　　1950年，钱伟长担任中华全国自然科学专门学会联

1988年5月18日，回到无锡荡口中心小学。

自强不息

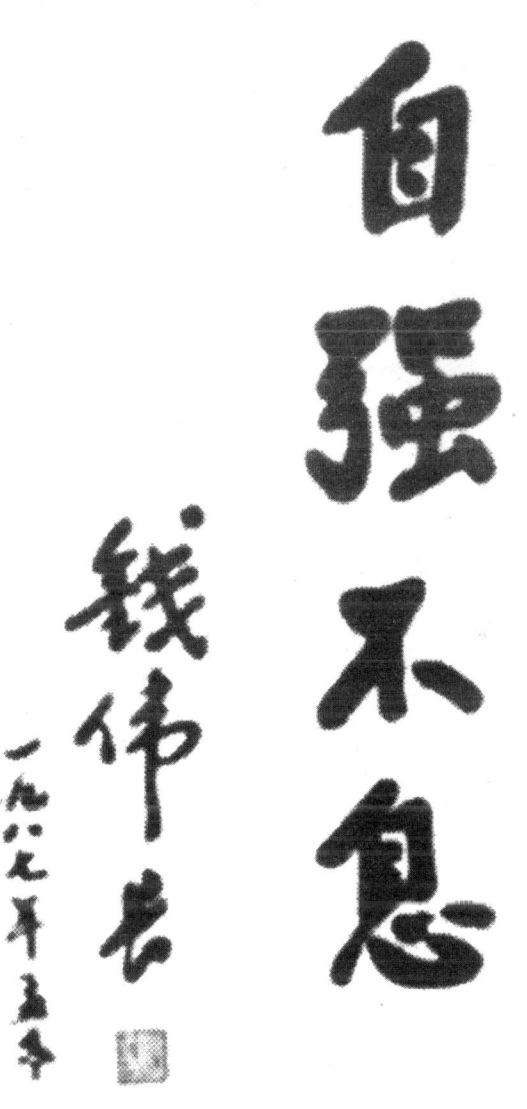

钱伟长

一九九七年五月

合会常委、组织部部长；1951年，任中华全国民主青年联合会常委、副秘书长；自1951年起，他还担任中国科学院数学研究所力学研究室主任；1952年，任清华大学教务长；1955年起，任中国科学院学部委员、中国民主同盟中央常委；1956年，任清华大学副校长、中国科学院力学研究所副所长、中国科学院学术秘书、国务院科学规划委员会委员、中国科学院自动化研究所筹委会主任、波兰科学院院士；1957年中国力学学会成立，他任副理事长；他还担任北京市第一、第二届人民代表大会常委；1954至1958年，任第一届全国人民代表大会代表；1952年他参加中国文化代表团访问了缅甸、印度；1955至1956年还多次访问苏联、罗马尼亚、匈牙利、捷克、民主德国；1956年，又参加了波兰的力

学会议和布鲁塞尔的国际力学会议。

1980年，钱伟长作为中国科学院学部委员，担任全国政协常委、中国文字改革委员会委员。1981年担任中文信息学会理事长、《应用数学和力学》杂志主编。1984年任民主同盟中央副主席、名誉主席。1985年任香港特别行政区基本法起草委员会委员。1987年任全国政协副主席、《中国应用数学和力学进展》杂志主编。1988年任澳门特别行政区基本法起草委员会副主任委员、中国和平统一促进会会长、中国陶行知研究会会长。

1990年，钱伟长还被任命为中国海外交流协会会长，同期还担任暨南大学的名誉校长和校董会董事长，南京

1989年9月，上海，给应用数学和力学研究所的博士生讲课。

1990年5月,北京,香港基本法起草委员会评选香港区旗、区徽。

理工大学、江苏工业大学、电子科技大学、西南交通大学、华侨大学等校的名誉教授,还任美国《应用数学进展》《国际工程科学月刊》,荷兰《分析和设计工作中的有限元》,英国《薄壁构件》等杂志编委;《中国大百科全书》副主编;《简明不列颠百科全书》中文版编审委员会委员;《辞海》副主编;重庆出版社《现代化探索丛书》主编;科学出版社《应用数学和力学丛书》主编;1997年被聘为南京大学校董事会名誉董事长,南京航空航天大学的名誉校长。

1997年,钱伟长获得香港何梁何利奖励基金"科学

1990年6月,中华人民共和国香港特别行政区将基本法起草工作纪念徽章(1985—1990年)赠予钱伟长。

与技术终生成就奖"，颁奖典礼上，颁奖人是时任国务院总理朱镕基和香港特别行政区首任行政长官董建华，当主持人宣布钱伟长获奖时，在台上就座的朱总理快步走下台，这位当年的清华高才生搀扶着当年的清华校长走上台，深情说道："我是钱校长的学生，现在我要为老师颁奖致贺。"

有人说，钱伟长太全面了，他在科学、政治、教育每个领域取得的成就都是常人无法企及的。钱伟长见到记者时仍然在强调他不变的那句话，"我没有专业，国家需要就是我的专业；我从不考虑自己的得与失，祖国和人民的忧就是我的忧，祖国和人民的乐就是我的乐。"他用60多年的报国路诠释了自己一直坚持的专业：爱国。

心怀强国梦想

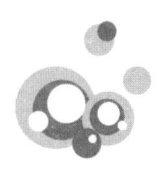

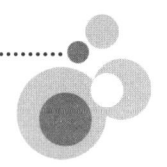

钱伟长是怀着文学梦走进清华校园的，当他准备学习中文时，九一八事变爆发了，他毅然把"文学梦"改换成了"强国梦"，放弃了中文系，改换成物理系。他觉得，近百年以来，中华民族总是落后挨打，就因为我们

钱伟长

1990年10月，上海，向苏联高级进修生授奖。

的科学技术远远落后于西方。所以，我们只有努力学习，掌握先进的科学技术，才能赶超西方列强，才能还击侵略者。

钱伟长是爱国的，他在清华求学期间，就曾多次参加爱国学生运动。为了反对日本帝国主义侵略者在中国的暴行，1935年冬季，钱伟长等北大、清华两校学生毅然走向街头，掀起了一二·九爱国示威游行运动。为了唤起民众的觉醒，钱伟长还与一批热血青年倡导组建了清华大学自行车宣传队，从北京出发，沿京津线南下一路宣传抗日。1936年1月初，这支自行车宣传队遭南京军警拘禁。钱伟长被抓后，由于他叔父钱穆四方奔走，设法营救。加之清华大学校长的出面干涉，才得以放出。

出狱后的钱伟长仍然继续进行宣传。也就是在这场爱国运动中，钱伟长与清华大学中文系二年级的学生孔祥瑛相遇相识，共同的理想和共同的爱国热忱，孕育了他们互相爱慕之情。1948年，钱伟长又参加了反美扶日、反内战、反饥饿、反美援面粉等进步运动。1948年，他曾骑自行车到石景山、良乡欢迎解放军，并且见到了叶剑英、陶铸和钱俊瑞，并带回了中国共产党和解放军对清华大学师生的关怀和粮食补给。

钱伟长决定出国深造也是为了更多地学习先进的科学技术，振兴中国的军力。他对叔父说，出国绝不是为

女娲补天

钱伟长题
一九九0年七月

了自己，为了家庭，而是想走科学救国的道路。和钱伟长一起出国留学的学生，都有着跟他相同的想法，他们在甲板上都立下誓言，一定珍惜这次留学机会，刻苦学习，凡是每人出去所学的那门学科，回国后就再不用国家派人去学。这一批22个留学生上船后，竟发现护照上有日本签证，允许他们在横滨停三天并上岸游玩参观，钱伟长等同学们认为当时日本帝国主义已蚕食中国半壁山河，不能接受侵略者的签证，于是全体同学携行李下船登陆，宁可不留学也不能接受这种民族的屈辱。

1940年9月，钱伟长抵达加拿大多伦多大学，他刻苦学习新知识，立志报效祖国，在短短的几年就跻身于国际科学大师之列，正当钱伟长在国外的事业如日中天的时候，从国内传来了中国取得抗日胜利的消息，1946年，钱伟长又做出了一个重大决定——回国！钱伟长说："我是忠于我的祖国的！"

在钱伟长看来，人是有归属感的，他的精神故乡不管漂泊多远，最终仍要回归。他是炎黄子孙，他在西方学到了知识，是该报效祖国的时候了。他以"久离家园、怀念亲人"为由，取得回国权。1946年5月从洛杉矶搭货轮返上海，8月初又从上海搭轮船经秦皇岛回到阔别8年的北京清华园。在母校清华大学当了一名普通的教授。9月，爱妻祥瑛自成都携已6岁的儿子元凯赴京，钱伟长

1990年10月，聘请张佑启、谢志伟为上海工业大学名誉博士。

才第一次见到儿子。

回国后,钱伟长到清华大学机械工程系任教授。可是薪水很低,生活的困难令他失望。为了维持生计,他不得已只好在北京大学工学院和燕京大学工学院兼课,奔波于北京的三所大学讲课,但仍不得温饱,他不得不向单身同事、老同学借贷度日。1948年友人捎信给钱伟长,告知美国加州理工学院喷射推进研究所工作进展较快,亟愿他回该所复职,携全家去定居并给予优厚待遇。

1990年11月,在上海会见白俄罗斯教育代表团并赠送《钱伟长科学论文选》。左起第二人为钱伟长,第五人为瓦西里·斯特拉采夫(代表团团长)。

于是，他到美国领事馆申办签证，但在填写申请表时，发现最后一栏写有"若中美交战，你是否忠于美国？"钱伟长毅然填上了"NO"，最后以拒绝赴美了事。

新中国成立后，钱伟长以空前的热情投入到新中国的建设事业，正当钱伟长雄心勃勃地攀登新高峰的时候，一场苦难落到了他的头上。他被错划为"右派"，被强制劳动改造，先是做实验室助理，扫地劳动一年，其子女被禁止上大学，后下放至农村，但其间他仍坚持进行科学研究。他趁晚上把窗户堵上，彻夜苦读。受到了这种

1990年11月，福建泉州，参加华侨大学校庆时为廖承志塑像揭幕。

挖潜创新 科技兴矿

钱伟长

一九九二年八月

1992年6月，授予国外学者上海工业大学荣誉博士学位。

极不合理的待遇以后，钱伟长尽管有些悲哀，但他没有怨恨，他相信祖国会对他有公正的评价。那段时间，虽然缺乏起码的工作条件，但钱伟长仍然以非凡的毅力，推导了12000多个三角级数求和公式。1964年他曾独立推得广义变分理论，投递给《力学学报》，但因当时他的身份问题而不予发表，直到1968年日本鹫津久一郎于《弹性和塑性力学中的变分法》一书中才提到类似理论，而直到1977年钦科维奇的《有限元法》一书中明确论述后才为人们所熟知。

统一汉语科技术语是对人类科技发展的重大贡献

钱伟长
一九九五年仲秋

1968年至1971年，钱伟长被下放到北京特殊钢厂炼钢车间劳动锻炼。炉前工很苦，用的铁棒足有52公斤重，一般人是拿不起来的，钱伟长同样也拿不起来，但他发挥了自己懂力学的优势，把铁棒的一头放在一个和炉子一样高度的铁架子上，再去另一头把铁棒按下去，这样就拿起来了。工人们试了后都说好，于是就把10个炉子前都做了铁架子，钱伟长一时成了发明家。

钱伟长说："我回国以后，干过十几桩事情，奇奇怪怪的专业，所以有人骂钱伟长是万能科学家。我不理。"

THE BIOGRAPHY OF
Prof. Wei-Zang Chien
HAS BEEN INCLUDED IN
EDITION TWO
OF

5,000 PERSONALITIES OF THE WORLD

FOR
Service to Profession,
Distinguished Political Achievement
AND THEREBY RECOGNIZED BY
THE AMERICAN BIOGRAPHICAL INSTITUTE
AS SIGNED BY THE
REGISTRARS OF AWARDS

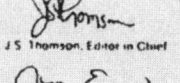

J S Thomson, Editor in Chief
J N Evans, Administrative Editor

入选美国传记研究院世界5000名人录的证书

中华 爱国 人物故事
ZHONGHUA AIGUO RENWU GUSHI

入选国际知识分子名人录证书（英国剑桥传记中心）。

"我觉得国家需要的，我都干。"他总结道，"我的目的是解决问题。"

1972年，钱伟长由周恩来亲自点名，参加科学家代表团访问英国、瑞典、加拿大和美国。当时很多人不相信钱伟长对祖国的忠诚，代表团团长表示不能保证他出国后不逃走，于是周恩来撤换了另一名团长，但新团长仍然不同意钱伟长出访，直到临行前一天的会议他都不知道此事。关于忠诚，钱伟长曾说，国家的需要，就是我的专业，忠诚是什么，钱伟长的比喻很生动，他说，

滋蘭樹蕙 樂育英才

同濟大學建校九十周年誌慶

錢偉長

一九九七年五月

把祖国比作一棵参天大树，我们每一位中华儿女就如同孕育这棵大树的一粒泥土。"甘当一粒泥土"，这就是钱伟长留给众人的一种忠诚的精神。

尽管钱伟长受过委屈，但是他仍然认为，像他这样的教师，思想容易脱离实际，思想改造是必要的。他认为自己一生中受到的磨难和锻炼是有益的。他坚持了自己爱国、正直和勤奋的美德，接受了辩证唯物主义、历史唯物主义的世界观和方法论。他希望教师一起拆掉自己头脑里的障碍，破除旧的教学模式，探索中国式的社会主义高等教育道路。

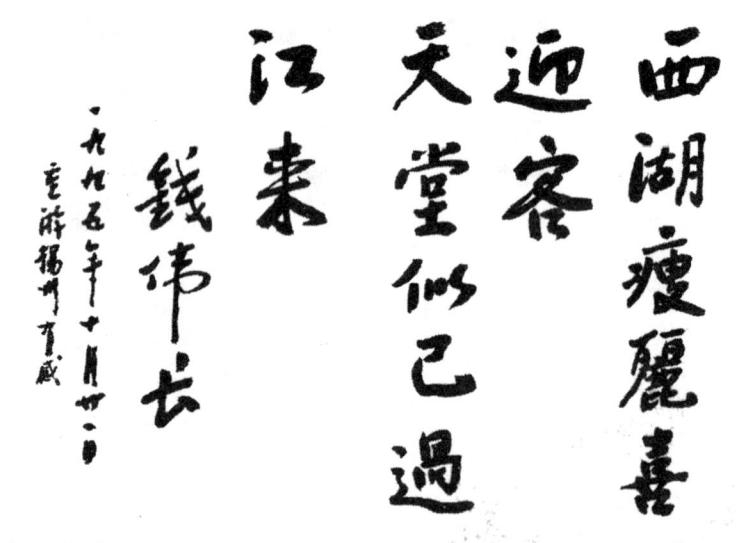

摘掉右派帽子后，钱伟长又被放到科研和管理工作的重要岗位，担任上海工业大学的校长。他说，我要把上海工业大学建成世界一流的研究性大学。他说当好这

倡导文叉科学
促进改革开放

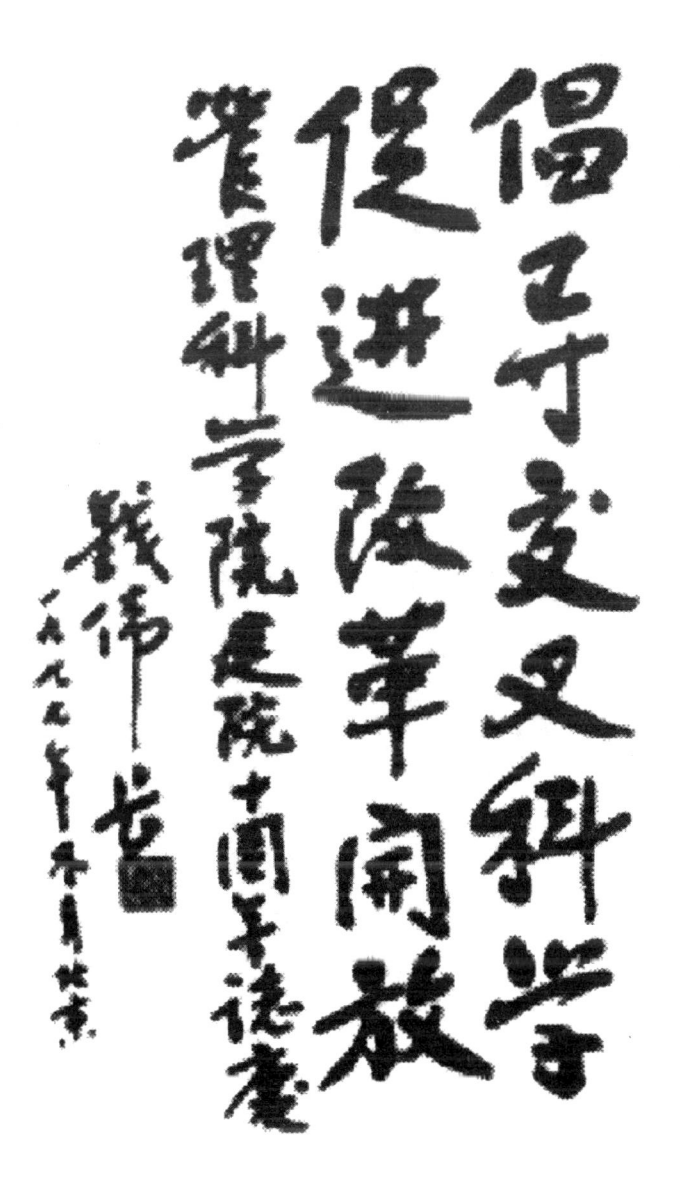

贺理科学院学院十周年诞辰

钱伟长
一九九九年十二月北京

所大学校长，不仅是他的责任，更是他的义务。他在上海大学没有房子，不拿工资。"我只要事情办得对国家好就行。我没别的要求，我希望国家强大起来，强大要力量，这力量就是知识。"

钱伟长很重视研究生的教育，培养他们的社会责任心和爱国心，教他们读文献，给他们出题目，经常和他们进行阶段性的讨论。他经常以自己在旧中国、在外国以及回国后的经历和感受来启发研究生的历史责任感，他说，中国知识分子有民族自尊心和自豪感，承认落后，不甘落后，要解决这个落后问题，宁愿牺牲自己在国外的舒服生活。他还经常用他在全国各地的见闻，以及近期欧美的见闻，说明我国社会主义建设事业的蓬勃发展

不列颠百科全书
国际中文版
特刊

钱伟长
一九九九年三月

和无限希望，这个话题，常常占去他和研究生交谈的大部分时间。

我们培养的学生，首先应当是一个爱国者、辩证唯物主义者，一个有文化修养、心灵美好的人，其次才是一个工程师，一个有专业知识的人。1990年以后，他任中国海外交流协会会长，中国和平统一促进会会长，又为香港、澳门回归祖国及和平统一祖国的大业奔走，献上他的一颗忠诚的心。

热爱生活的天性

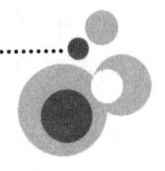

尽管钱伟长是一位令人瞩目的大师，但钱伟长是一个可亲、可敬、可爱的人。他有着跟普通人一样的七情六欲、喜怒哀乐、恩怨爱恨，也有自己的兴趣和爱好。

钱伟长特别健谈，喜欢说话，一次上海大学力学所全体师生与钱校长一起共度中秋佳节，同时也庆祝他92岁的华诞。参会人员几乎把第一贵宾室挤得满满当当的。当师生代表向老先生献了花篮、花束，争先恐后地致贺

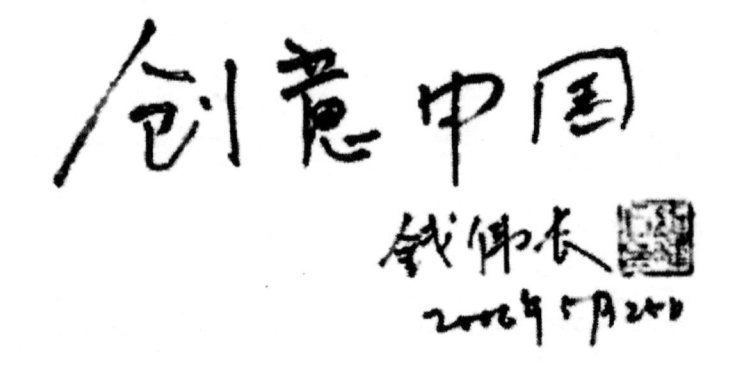

2000年11月,上海大学美术学院新址落成,钱伟长在美术林前植树。

词时,满面红光的钱先生就开始滔滔不绝地讲话,他从全国形势一直讲到上大的"211"建设,从力学所历史讲到研究生怎么做学问,足足讲了40多分钟。主持会议的老师担心他的身体吃不消,因为毕竟老先生年事已高,生怕长篇讲话会影响他身体健康。那位老师几次暗示老先生,他都不理不睬。无奈之下,只得去"搬救兵"了。最后,只好请钱先生的孙女小红出马,她大声喊道:"爷爷,我爸来长途电话了,快去接吧!"老先生说:"没看

中华爱国人物故事
ZHONGHUA AIGUO RENWU GUSHI

厚德载物 自强不息

为人民服务

钱伟长

见我正讲话呢！让他过会儿再打过来！"接着，继续讲话。主持会场的老师实在没辙了，只好找机会抢过老先生的话筒说："钱先生今天的讲话很重要，大家要好好体会。我宣布，今天的师生聚会到此结束！"会议才在欢声笑语中散场了。

钱老先生平时闲不住，喜欢在校园里走走，爱在不经意间走进办公室和宿舍，跟大家聊天。老先生经常冷不丁地跑过来，东看看，西问问，最爱看大家做实验。他的博士生那时正做"束水攻沙"的实验，他就常在那个实验室转悠，帮着出主意。后来，他走路不方便了，不得不靠轮椅，但他还是爱串门，最喜欢到的地方还是力学所，进了力学所，他会到资料室、办公室转转，到实验室瞧瞧，跟年轻人聊聊，就像在爱抚亲手培育的、已进入青春年华的"孩子"。他还会"闯进"学生宿舍，与青年学子们聊聊家常，带给那里的年轻人阵阵惊喜。

钱老还喜欢参加校内的各种学术活动。经常亲自在研讨会上作报告；后来，他有机会就来听研讨会报告。ICNM(国际非线性力学会议)和MMM系列会议(现代数学和力学会议)，迄今分别开到了第5届和第11届，前者他全参加了，后者参加了7届，而在1998年之前，他在会上总是非常认真地听各种学术报告。

钱老是一个爱遐想的老人。别看钱先生年龄大了，他的脑子里经常出现对科技问题的奇妙构想。关于改变新疆地区气候，他认为，新疆地区气候干燥、沙漠化的根本原因在于缺雨水；而少雨的原因在于天山山脉挡住了南方来的暖湿气流；若能在天山山脉找到薄弱环节，采用定向爆破技术，打开一个缺口，把暖湿气流放进来，就可以从根本上改变那里的自然环境。这是年轻人才会做的梦！不管上述方案是否能实现，说明老先生的思维状态还很年轻。

在生活习惯中，钱老爱吃甜食。他是无锡人，最喜欢吃的甜食是八宝饭。乐乎楼餐厅的师傅就时不时地给他做一两碗。要知道，乐乎楼的糕点师是锦江饭店厨师的徒子徒孙，八宝饭质量一级棒。但夫人孔老师限制他多吃甜食，钱先生历来对他的"生活顾问"孔老师言听计从，总是说："好吧！听你的。"

钱老还有个有趣的习惯，他思考问题的时候，常常会嚼着一块纸片。细心的人一定能发现，钱先生在专注地讲话时，会不由自主地从桌上的报纸上撕下一个小角(面积大约1—2平方厘米)，放到嘴里嚼，大概有助于思维吧！可是，很是奇怪，人们似乎很少看见他把嚼过的小纸片吐出来，有点像影视里地下工作者暴露时那样咽下去了。

钱老在幼年时跟叔父钱穆学过围棋，这个爱好一直

运用现代科技推动教育事业发展

钱伟长

中华爱国人物故事
ZHONGHUA AIGUO RENWU GUSHI

弘扬中华文化
培育五洲英才

暨南大学建校九十周年志庆

钱伟长

到老还一直保留着，钱伟长在《八十自述》里写过，他自幼喜欢看叔父下围棋。因此，老了之后下围棋自然成了他的爱好。可惜，不容易找到下棋的对手，于是，他自己跟自己下，右手执黑先下，左手执白跟上。前些年凤凰卫视拍摄放映的钱先生的传记片《生命的光芒》的结尾，就是他下围棋的镜头，好像左右手还落子如飞呢！我有一次见到他的时候，他自己与自己在下五子棋，还下得很认真的。

钱老很喜欢体育运动。他皓首童颜，精神矍铄。如果不是亲眼所见，人们很难相信眼前这位老人就是年逾九旬的钱伟长院士。这位曾是世界上在位的最年长的大学校长之一，虽年事已高，但他仍然头脑清晰、思维活跃，精神仍处于相当年轻的状态。这跟钱伟长从念大学起，就几十年如一日地坚持体育锻炼是分不开的。古稀之年的钱伟长是以长跑作为锻炼形式的。如今90岁了，虽然长跑已不太合适，但钱老依然"规定"自己每天要步行三千步。用钱老的话说："不能吃身体的'老本'"。

其实，钱伟长由于年幼体弱多病，营养不良，身体衰弱，进入清华，他是全校最矮小的，连篮球都丢不到篮球筐。在一年级时，他被同学拉夫凑数参加一年一度的年级越野比赛。平时既无训练，不知道越野赛有多远。钱伟长第一次在体育竞赛场上亮相，只能忍受困苦，尽力往前跑，坚持到底，得到了不算太差的成绩。马约翰看中了他那像骡子似的蛮劲儿，选他入大学的越野代表队。以后，每天下午4点半到6点锻炼时间，风雨无阻亲自指导他运动。

钱伟长到了二年级、三年级的时候，受了马约翰教授的影响，喜欢运动，变成了运动员。他后来居然能跑能跳，400米中栏能跑57—58秒，万米能跑35—36分左右。在田径队，他曾和张光世、张龄佳、方纲等参加过北京五大学运动会和全国运动会；在越野队，他和张光

2002年8月，上海，在第四届国际非线性力学会议上，与会的人祝贺钱伟长教授90华诞。

世、罗庆隆、孙以玮、刘庆林被称为清华五虎将。他原先的先天不足、后天失调的病弱体格，在清华期间大大改善，毕业时身高1.65米。他的体育训练的习惯一直维持到40岁左右，到了60岁时，在教研组内跑万米还是跑在前面。

他曾说："缅怀往事，在清华大学体育馆前大操场上，马约翰教授声音洪亮地向我们呼唤着：'Boys of victory！'这情景已隔半个多世纪，犹宛然如昨缅藏在我心中。马约翰老师不仅使我得到身体健康和体力精力的锻炼，更重要的是使我得到耐力冲刺、夺取胜利的意志的锻炼。这为我一生在工作上能闯过不幸的困苦年代，能承受压力克服种种艰辛，而不失争取胜利的信心的斗志奠定了有力的基础。"

在很多场合，钱伟长总要现身说法，畅谈自己对体育一往情深的渊源。他幼时家境清寒，身体很瘦弱。18岁那年考入清华大学时身材瘦小。然而，就是这样一个"清华历史上首位身高不达标的学生"，在就读的第二学年，竟一鸣惊人地入选清华越野代表队，两年后更以13秒4的成绩夺得全国大学生对抗赛跨栏季军。曾代表国家队参加远东运动会，跨栏、越野跑样样拿手，还是清华足球队的球星呢。看着他那种自得的样子，就像童心未泯、喜欢和年轻人拉家常的老爷爷。钱伟长十分重视大学体育的作用。他鼓励各种球类和田径大奖赛以及健美操、拔河、跳绳等小型多样的群体竞赛。上海大学每两年要举行一届以院、系为单位参加的全校体育节。

钱伟长保持了锻炼身体的习惯。甚至到了古稀之年，他仍然一次跑过两万米。钱伟长认为，学校体育的最终目的是愉悦、释放、健康。他出资办了足球赛，亲自给学生颁奖。

正是依靠体育锻炼，钱伟长一直保持了健康的体质和头脑。上海大学曾为钱伟长九十华诞举办"钱伟长杯"大学生足球比赛，钱老亲自策划撰写了足球比赛的竞赛规程，并出资打造了足球赛的奖杯。在闭幕式上，钱老兴致勃勃地为学生发奖，还滔滔不绝地作了一个多小时关于足球和体育锻炼的发言。

说起长寿的心得，钱老认为，靠药补，靠食疗，靠遗传，这些都只能是一些辅助的措施。他认为，长寿关键靠自己。

要相信自己能长寿，要有信心。据科学家研究，人的寿命可以达到150岁。实际生活中大多数人只能活到90岁以下。人的寿命的潜力是很大的，可从先天和后天的素质中去挖掘这种潜力。要做到这一点，首先应充满自信。有的人被医院错判为癌症，由于丧失了自信，精神堤坝垮了，本来并没有什么大病，最后却丧了命。相反，有的人得了绝症后能正确对待，既来之，则安之，与疾病展开不懈的斗争，结果竟奇迹般地活了下来。自信的力量是长寿的一个重要的源泉。

另外要有好的心态。月有阴晴圆缺，人有旦夕祸福。生活中的坎坷势必造成感情世界中的大起大落，控制不好就要损寿。在现实生活中，有许多人被卷入感情的波澜而不能自拔，最后多以轻生折寿而告终。他们的悲剧就在于不能说服自己。要学会说服自己，吃了亏不生气，深知"祸兮福所倚，福兮祸所伏"的哲理。在困难的时候不断调理心绪，真正驾驭住自己的命运。这样，就为长寿打好了心理基础。

同时，想长寿就要不断地调整自己、改造自己、更新自己，从而发展、壮大和巩固自己，还有征服自己。羡慕他人，仿效他人，忽略自己的社会角色，这是人们最常见的缺陷。只有征服了自己，才能任凭花开花落，云卷云舒。

钱伟长还认为，体育锻炼要坚持不懈，因为体育是人生的一部分，它能给人以无比坚强的意志，一个人只有具备完整的人生，才会勤奋钻研、努力创新，才会有精力去实现自己的奋斗目标，从而为国家做出贡献。在马约翰老先生的引导下，钱老也喜欢上了足球，甚至最后，足球对钱先生有不可抗拒的吸引力。

钱老还有一个爱好,就是爱读古书。这可能是自幼打下的坚实的国学根基培养出来的兴趣。读古书是钱伟长先生自幼养成的习惯。他记忆力好,少年时代读的书虽不能一直记得(因为做的是理工科的科研和教学),但他能知道从哪里找到想要的资料。大家看到过他80岁时在书房里拍的那张照片,他身前身后的书是中西合璧的,里头有很多线装书,那可不是做摆设的。有一段时间他忽然对华夏和鲜卑族的由来感兴趣了,他考证起这两个"由来"的问题了,最后写成《"华夏"的由来》和《鲜卑族的由来与现在的分布》两篇文章,从中可见他对古代历史和文化的修养。

钱伟长先生性格随和,不摆架子,几乎是大学者中最平民化的一位。年轻人觉得与他有距离,可能来自辈分上的差别,接触多一点,会觉得他很好亲近。钱老为人宽厚,特别容易原谅别人。一次出门,路边的一辆军车从侧面支路上疾驰而来,差一点撞到钱老的车,一位处长揪住开车的小兵,狠狠地训斥了他。这时,钱先生探出头来说:"算了,算了,不是没事吗?原谅这位小同志吧!让他下回别把车开得这么猛就行了。"

钱伟长,这位出身清贫、热爱祖国、追求进步的学者,走过一条坎坷不平的人生道路。由国学,而西学,进一步学到马克思主义。他和祖国社会主义事业的联系越来越紧密。他超人的才华、坦率的品格和精辟的见解已经广为人知。钱伟长是中国近代力学的奠基人之一。他对中国应用数学和力学的发展，无论从学科开创、人才培养，还是近60年的辛勤耕耘和不断开拓，都有不可磨灭的功绩，是中国科学工作者和青年一代应当学习的榜样。

钱伟长简介

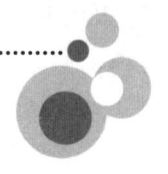

钱伟长（1912.10—2010.7），世界著名科学家、教育家，杰出的社会活动家，我国近代力学的奠基人之一。在应用数学、物理学、中文信息学，特别是在弹性力学、变分原理、摄动方法等领域有重要成就，著述甚丰。国际上以钱氏命名的力学、应用数学科研成果有"钱伟长方程""钱伟长方法""钱伟长一般方程""圆柱壳的钱伟长方程"等等；他早年提出的薄板薄壳非线性内禀统一理论，对欧美的固体力学和理性力学都有过重大的影响；钱伟长创办了中国的第一个力学研究室，筹建了中国科学院力学研究所和自动化研究所，他长期从事高等教育领导工作，为培养我国科学技术人才做出了重要贡献。他先后担任中国多所名牌大学的校长、副校长、名誉校长、校董事会董事长、名誉董事长，是资深院士。钱伟长的社会活动十分活跃，为努力推动祖国的统一大业做了很多工作。他曾是中国民主同盟的卓越领导人,中国人民政治协商会议第六届、七届、八届、九届全国委员会副主席,中国民主同盟第五届、六届、七届中央委员会副主席,第七届、八届、九届名誉主席。

钱伟长的著作《论教育》

学者追忆钱伟长

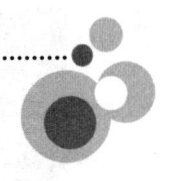

治学严谨根基牢
（航天专家朱毅麟）

那是在1957年的时候,钱伟长正在清华大学做老师,我才23岁,刚刚毕业在学校做助教,当时是钱伟长和钱学森两位力学大师在清华大学创办了一个工程力学研究班,我有幸参与了那次学习,并听钱先生的课程有半年之久。

在1952年前后我们国家有过一次院系改革,那个时候开始统一学习苏联的教育模式。在苏联的教育模式中,力学更偏重数学,而在全国各高校中只有北大有一个力学数学系,而工程力学这个系别是根本不存在的。然而钱伟长与钱学森两位先生一致认为力学是一门技术科学,不能仅限于数学之中,要同工程密切结合起来,要放在工程学里面才能发挥真正的意义。所以两位大师在清华创办了一个工程力学研究班,由此可以说"二钱"在推进我国力学如何为工程服务,如何为建设服务方面做出了开创性的贡献。

我们听钱伟长先生讲课的时候,大家普遍认为钱伟长先生的学识很渊博,根基很牢固,并深表钦佩。当时钱伟长主讲工程数学这门课程,在这个课程中有很多很繁杂的数学公式,有的甚至要写一整个黑板,但是无论多么复杂的关系,钱先生都不需要用讲义,讲课过程中完全凭借他的掌握给同学进行讲解,一步一步推导下来。对此我到今天都还记忆深刻。

他具有超前意识

(应用数学家、物理学家、天文学家林家翘)

我和钱老的渊源算是比较深了,在清华大学上学的期间,他比我高两届。1929年,我们又一起考取了庚子赔款留英公费生,因为第二次世界大战突然爆发,船运中断,改派加拿大,当时我们在多伦多,由同一个导师带我们一起学习。他是一个非常勤奋的人,不管是在学术研究上还是在学生运动中,他都会积极地参与到其中来。

钱老的专长非常出色地运用到了建筑方面,很多圆顶的大型建筑正是延续了钱教授的理论基础，建筑材料得到了很多的节省。在应用数学这个领域，可以说钱伟长为国家做出了巨大的贡献。他对整个学校、甚至整个国家的前途一直有一个很好的了解，他所具有的超前的眼光和观念可以非常出色地指引后辈前行。

他为后辈树立了良好的楷模
（北京大学原校长、经济学家兼教育家吴树青）

我与钱校长在学术上不属于同一个领域，对钱老在学识方面的贡献不好评价。但我认为他不仅仅是全国著名的学者，在世界上同样也有一定的影响力。

因为我不是搞自然科学的，所以在学术领域与钱校长的接触不是很多。但在为人方面，我认为他用谦逊的态度为后辈树立了非常良好的楷模。

钱老科学分工仔细
（北京大学数学院教授黄敦）

钱伟长的老师是世界上很有名的应用数学家叫辛祺。他博士论文很高明，把火箭板翘的厚薄做了一个分类，这是很杰出的一篇论文。毕业后他就和几位世界上第一流的科学家到加州，他们每个礼拜三都喝茶，所谓的喝茶就是探讨学术问题。

钱伟长做过空气动力学也做过固体力学，他回国以后，我听他有关于机器润滑的课，他来了以后清华的面貌也改变了很多，并且他教学很积极，做了不少工作。我给他当助教的时候，他搞一个改革，就是把学生组织讨论，就是四五个人一个小组，每个小组半个小时由老师来指导讨论，每小组讨论半个小时，把习题、当天重点、要点大家再重复一遍复习功课。他的主意很多。

我认为钱伟长先生是非常值得敬佩的，因为他受过很多磨难，但他自强不息。他的钱都买了很多杂志，你到他家里面看，堆满了书，而且学习不断，七八十岁还天天念书念的很晚，一直到晚上12点钟左右。他夫人也非常支持他，所以现在清华附中还有钱伟长的题字。然后在上海大学也有题字叫"自强不息"。他在语文和历史方面的知识很强的，所以他写文章也很快。

他曾经开玩笑地说，他是世界上最年长的校长。

钱伟长语录

1. 先天下之忧而忧,后天下之乐而乐;要为祖国和人民的忧而忧,为祖国和人民的乐而乐。

2. 比如走马路,会有很多障碍,有沟、石块什么的。有的人碰到沟、石块,他非得把沟填满,把石块搬掉才肯过去,把时间和精力泡进小问题里去了。其实,只要你跨过去,绕过去就行。

3. 学习要学习那些关键的东西,要大踏步往前走,走远了再回头来看,原来的东西就不见了。

4. 百年大计,教育为本——我相信在中国共产党领导下,中国教育事业会更加繁荣,我们会培养出更多高素质的合格人才。教,关键在于"授之以渔";教书,关键在于教给学生一种学会思考问题的方法。

5. 一个人也许很聪明,也许可以拥有许多知识,可如果没有高尚的品德和强烈的社会责任感,他就不仅不能对社会有益，反而可能危害社会。

钱伟长简历

1912年10月9日，生于江苏省无锡县鸿声乡七房桥。

1931—1935年，清华大学理学院物理系学习，获学士学位。

1935—1937年，清华大学研究院学习。

1939—1940年，在西南联合大学任教。

1940—1942年，加拿大多伦多大学应用数学系学习，获硕士学位，1942年获哲学博士学位。

1942—1946年，在美国加州理工学院做研究。

1946—1983年，任清华大学教授。1946至1952年，兼任北京大学、燕京大学教授。

1949—1952年，清华大学校务委员会常委兼副教务长。

1951—1958年，中华全国民主青年联合会常委兼副秘书长，中华全国自然科学专门学会联合会常委兼组织部部长。

1951—1956年，中国科学院数学研究所力学研究室主任。

1952—1958年，清华大学教务长，中国民主同盟中央常委。

1955—1958年，中国科学院学术秘书，学部委员。

1956—1958年，清华大学副校长，中国科学院力学研究所副所长，中国科学院自动化研究所筹委会主任，国务院科学规划委员会委员。

1956年，波兰科学院院士。

1980年，中国科学院学部委员，中国民主同盟中央常委。

1980年，中国人民政治协商会议全国委员会常委。

1983年，上海工业大学校长。

1984年，民盟中央副主席、上海市应用教学和力学研究所所长。

1985—1990年，中华人民共和国香港特别行政区基本法起草委员会委员。

1987年，中国人民政治协商会议全国委员会副主席。

1988年，中华人民共和国澳门特别行政区基本法起草委员会副主任委员，中国和平统一促进会会长。

1990年，中国海外交流协会会长。

钱伟长的主要论著

1. Synge J. L., Chien W. Z.. The intrinsic theory of elastic Shells and plates. Theodore ovn Kármán Anniversary Volume—AplliedMechanics, 1941: 103—120

2. Chien W. Z.. The intrinsic theory of the shells and plates. Part 1, General theory, Quarterly of AplliedMathematics, 1944, 1: 297—327.

3. Chien W. Z.. The intrinsic theory of the shells and plates. Part 2, Application to the plates, Quarterly of AplliedMathematics, 1944, 2 (1): 43—59.

4. Chien W. Z.. The intrinsic theory of the shells and plates. Part 3, Application to the shells, Quarterly of Apllied Mathematics, 1944, 2 (2): 120—135.

5. von Kármán, Th. and Chien W. Z.. Torsion with variable twist. Jour-nal of the Aeronautical Sciences,

1947, 13（10）：503—510.

6. Chien W. Z.. Symmetrical conical flow at supersonic speed by perturbation method. Engineering Reports of Tsing Hua University, 1947, 3（1）：1—14.

7. Chien W. Z.. The trueleaving angle for diaphragm and bucket wheel with curved guides at the discharge end. The Engineering Reports ofTsing Hua University, 1948, 4（1）：78—102.

8. Chien W. Z.. Infeld J. R., Stevenson A. F. and Synge J. L.. Contributions to the theory of wave guides. Canadian Journal of Research, 1949, A. 27（1）：69—129.

9. 钱伟长，叶开沅.《圆薄板大挠度问题》中国物理学报，1954，10（3）：209—238.

10. Chien W. Z., YehK. Y.. On the large deflection of rectangular plate. Proceedings of Ⅸ th International Congress of Apllied Mechanics, Bruxelles, 1956：403—412.

11. 钱伟长，叶开沅.《弹性力学》北京：科学出版社，1956.

12. 钱伟长.《弹性理论中广义变分原理的研究及其在有限元计算中的应用》机械工程学报，1979，15（2）：

1—23；《力学与实践》1979，1（1）：16—24．

13. 钱伟长．《变分法和有限元》北京：科学出版社，1979．

14. 钱伟长，郑思梁．《轴对称圆环壳的一般解》应用数学和力学，1980，1（3）：287—300

15. Chien W. Z.. Imcompatible elements and generalized variational principles. Proceedings of Symposium on Finite Element Method, Hefei, Anhui Province, 1981: 252—329; Advances in Applied Mechanics, 1984, 24: 93—153（Academic Press，U. S. A.）.

16. 钱伟长．《穿甲力学》北京：国防工业出版社，1984．

17. 钱伟长．《广义变分原理》上海：知识出版社，1984．

18. 钱伟长．《大位移非线性弹性理论的变分原理和广义变分原理》应用数学和力学，1988，9（1）：1—11．

19. 钱伟长．《格林函数和变分法在电磁场和电磁波计算中的应用》上海：上海科技出版社，1989．

20.《钱伟长科学论文选集》福州：福建教育出版社，1989．

21.《钱伟长文选》杭州：浙江科学技术出版社，1992．

钱伟长的主要成就

1. 圆薄板大挠度问题的摄动解法

圆薄板大挠度问题，是一个典型的非线性问题，其非线性微分方程由冯·卡门在1910年提出，但长期没有找到好的求解方法。1934年，S.韦提出了幂级数解法，但是收敛太慢。钱伟长在1947年做到了这一点，国际力学界称之为"钱伟长方法"。

2. 变扭的扭转

钱伟长与世界导弹之父冯·卡门合作发表《变扭的扭转》，成为国际弹性力学理论的经典之作。

3. 钱伟长方程

50年代初，钱伟长、叶开沅等曾经在清华大学召开薄板大挠度问题的研讨会，并出版了论文集《弹性圆薄板大挠度问题》。

钱伟长

4. 奇异摄动理论

1948年,钱伟长还用奇异摄动法解决了圆薄板大挠度的问题,薄膜解适用于边界位移为零的挠度很大的情况,它除了不能满足转角为零的夹紧边界外,在全场适用,称为外场解。

5. 圆环壳的一般解

钱伟长给出了齐次解并且证明了解的收敛性,和非齐次解结合,给出圆环壳的一般解,解决了这个几十年来悬而未决的难题。

6.广义变分原理的研究

由于20世纪60至70年代有限元方法的发展及其在工程上的广泛应用,变分原理作为其理论基础,显示出重要性。世界上有两个学术中心,引起各国学者的注意,一个是美国麻省理工学院的赖斯纳、日本著名学者鹫津久一郎等人,另一个就是钱伟长等中国科学家。

7.用变分原理导出壳体非线性方程

1978年,他进一步讨论了广义变分原理在有限元方法上的应用。多次开设变分法和有限元的讲座,极大地推动了我国变分原理和有限元方法的研究。

钱伟长楼

8.流体力学

1984年，他从流体力学的基本方程出发，对内流、外流等一般的黏性流动建立了更为普遍的变分原理，对不可压缩流体和可压缩流体建立了最大功率消耗原理。

9.研制出超过国际水平的锌—空气电池

1972至1974年，当他接到为坦克和野外作业部门研制大电流高能电池的任务时，他查阅了有关的国内外资料，成功地研制出多项指标超过国际水平的锌—空气电池，并协助建立了锌—空气电池厂。

10.高速撞击问题

出版专著《穿甲力学》，对高速撞击问题有多篇研究论文，该书获1998年全国优秀科技图书一等奖。

11.推导三角级数求和公式

他以非凡的毅力，推导了12000多个三角级数求和公式。其中不少很有实用价值，也是前人所未知的。

12.对中文信息处理做出重要贡献

钱伟长还以其深厚的国学功底，对中文信息处理做出重要贡献。1981年，他担任了中国中文信息学会理事长。1984年，他提出汉字宏观字形编码，简称"钱码"。

中华爱国人物故事
ZHONGHUA AIGUO RENWU GUSHI